FIDELIO 3

Musik in der Grundschule

Autorinnen:
Birgit Braun-Rehm
Antje Hellmann
Dorothea Zigldrum

Illustrationen:
Dunja Schnabel und Susanne Bochem

westermann

Zeichenerklärung:

- Becken
- Claves (Klanghölzer)
- Fingerzimbeln
- Große Trommel
- Guiro (Gurke)
- Handtrommel
- Holzblocktrommel
- Holzröhrentrommel
- Klangbaustein
- Maracas (Rasseln)
- Schellenkranz
- Schellenring
- Schellentrommel
- Triangel

Hier gibt es ein Hörbeispiel auf der CD 1, 2 oder 3.

Bearbeitet alle roten Kapitel innerhalb eines Schuljahres!

Die Jahreszeitenkapitel könnt ihr beliebig in den Ablauf des Schuljahres einfügen.

Im Lexikon findet ihr Erklärungen zu musikalischen Begriffen und Informationen zu Komponisten.
Alle Begriffe, die im Buch **fett** gedruckt sind, könnt ihr direkt im Lexikon nachschlagen.

Der Tag ist bunt

Ich singe hoch, ich singe tief

1/1 – 2

Text und Melodie:
Helmut Maschke

2. Ich singe laut, ich singe leis, ich singe täglich mit großem Fleiß.
Ich singe überall: im Zoo, beim Zahnarzt, beim Friseur.
Ich sing von Fall zu Fall sogar beim Gurgeln. Das ist schwer!
La la la la ...

3. Ich singe kurz, ich singe lang und dabei ist mir kein bisschen bang.
Ich singe kühn und keck, dass mich die Nacht nicht schrecken kann,
ich sing die Angst mir weg beim Fahren durch die Geisterbahn.
La la la la ...

Die Bilder als Gesprächsanlass nutzen (Wo singt das Kind gerne? Wo singst du gerne?); das Lied singen; die markierten Tonsprünge als Intonationsübung nutzen; rot gedruckte Wörter entsprechend des Inhalts ausdrucksstark gestalten; die Pausen mit Bodypercussion bzw. mit Rhythmusinstrumenten hörbar machen

Morgens nach dem Aufstehen strecke ich mich erst einmal ausgiebig und gähne.

Ich laufe die Treppe hinunter, weil das Telefon klingelt.

„Hal-lo! Hal-lö-chen!“, singe ich in das Telefon.

Es macht Spaß, eine Weile miteinander zu quatschen.

Ich lege auf und eile zur Zahnärztin. Sie arbeitet im Hochhaus um die Ecke – zum Glück gibt es dort einen Aufzug.

„Gu-ten Tag, Frau Zahn-weiß!“, singe ich mutig zur Begrüßung!

Gut, geschafft! Ich gönne mir einen Besuch im Zoo. Mit Elefantenohren höre ich mein Singen richtig gut.

Jetzt noch auf zum Friseur! Das Schnellsprechtraining dort macht Spaß!

Juhuu, auf dem Rückweg gibt es Buden und Karussells – ich heule mit den Gespenstern in der Geisterbahn um die Wette.

Schnell nach Hause! Puh, war das ein Tag!

1 Lest die Geschichte abschnittsweise und trainiert dabei gemeinsam eure Sprech- und Singstimme.

2 Führt das Stimmtraining auch in Partnerarbeit durch: Ein Kind liest vor, das andere Kind trainiert.

Den Inhalt des Liedes in einer Stimmbildungsgeschichte aufgreifen; diese gemeinsam und/oder in Partnerarbeit durchführen; dabei alle Bereiche der Sprech- und Singstimme schulen (Körperhaltung, Atmung, Artikulation, Öffnung der Resonanzräume, Stimmklangübungen)

Voll Elan

1 / 3

Text, Rhythmus und
Spielidee: Richard Filz

1 Dieser Tag,
der fängt gut an:

2 Heute bin ich
voll Elan!

3 Spring herum
wie'n Wirbelwind,

4 setz mich auf den
Stuhl geschwind!

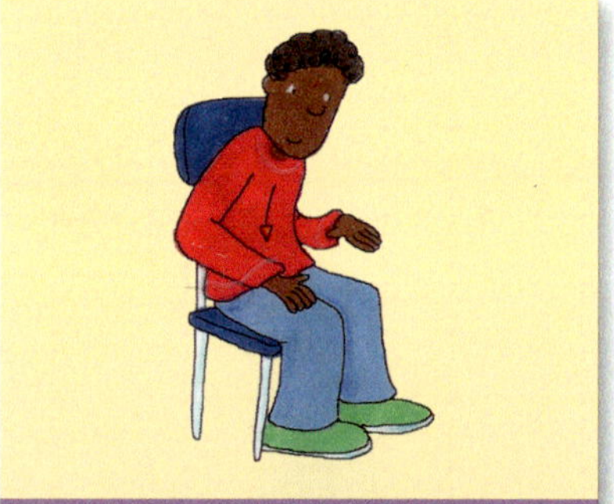

5 Ach, die Pause
tut mir gut,

6 ich hab wieder
neuen Mut!

7 Spring nach rechts
zum nächsten Stuhl,

8 setz mich hin
und mach auf cool!

1 Sprecht die Texte der Karten in folgendem **Rhythmus**.

2 Übt euer Sprechstück mit den gezeigten Bewegungen im Sitzkreis.

?

Was bedeuten die beiden schwarzen Punkte am Ende der Notenzeile?
Die beiden Punkte am Ende einer Notenzeile zeigen eine Wiederholung an. Im Stück „Voll Elan" wird der gezeigte Rhythmus noch siebenmal wiederholt. In jeder Wiederholung ändern sich der Text und die Aktion.

Den Rhythmus des Verses mit Bodypercussion (z.B. klatschen, patschen, schnalzen) üben; im Sitzkreis die Texte der Karten rhythmisch sprechen und die abgebildeten Bewegungen ausführen; dabei mithilfe des „Schon-gewusst-Kastens" den Begriff der Wiederholung aufgreifen und sichern

Wollt ihr den Sprechvers „Voll Elan” mit Instrumenten mitspielen? Dann bildet Kleingruppen und folgt den Aktionen auf den Karten.

1 Begleitet den Sprechvers mit Schlägeln am Boden.

Spielt die roten Textsilben mit der stärkeren Hand (Schreibhand), die blauen Silben mit der anderen Hand:

2 Spielt den Sprechvers zuerst nur auf dem Ton C.

3 Spielt den Sprechvers auf den Tönen C, D, E, F und G.

Spielt den **Rhythmus** 8-mal.
Wählt die Töne bewusst aus:

Spielt den 1. Durchgang auf dem Ton C.
Wählt für den 2. bis 7. Durchgang jeweils einen neuen Ton.
Spielt den 8. Durchgang wieder auf dem Ton C.

4 Betont einzelne Wörter des Verses mit Rhythmusinstrumenten. Überlegt, welche Instrumente besonders gut passen.

ach

Elan

setz

cool

Wirbelwind

1 Hört von der CD ein Musikstück zum Mitmachen. 1/4
Begleitet es so:

2 Wie klingt die Musik?
Was findet ihr besonders auffallend?

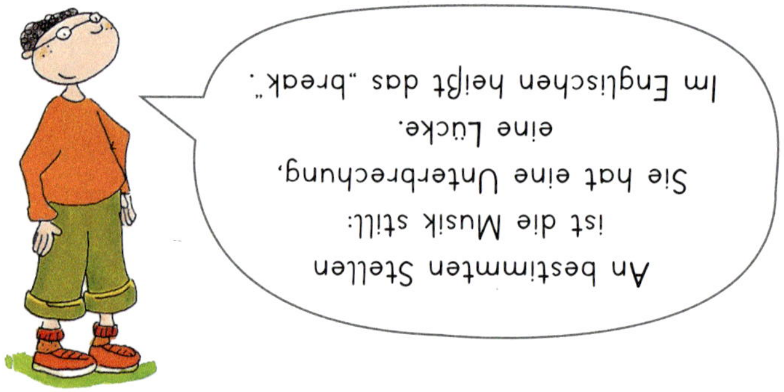

3 Das Musikstück heißt „Break Mixer" und ist zum Tanzen gedacht.
Probiert einmal verschiedene Möglichkeiten aus:

Schlange
Das erste Kind der Schlange führt durch den Raum und bestimmt, wie die ganze Schlange sich bewegt. Beim „break" bleiben alle Kinder stehen.

Schlange mit Häutung
Auch bei diesem Tanz leitet das erste Kind die Schlange durch den Raum. Beim „break" geht jeweils das erste Kind der Schlange an das Schlangenende, sodass die Schlange einen neuen Kopf bekommt.

4 Wie wird der „Break Mixer" hier getanzt?
Versucht diese Tanzbeschreibung zu lesen und zu erklären.

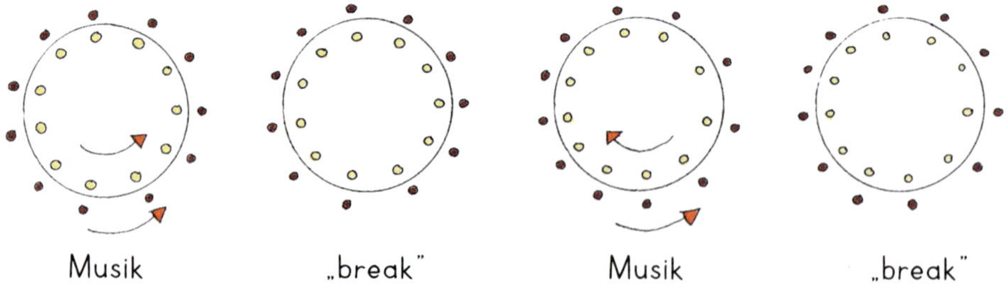

Das Hörbeispiel CD 1/4 (B. Crumb: Break Mixer) hören und mit Bodypercussion mitspielen; den in der Musik immanenten Wechsel zwischen Bewegung und Stillstand („break") in verschiedenen Tanzformen umsetzen; dabei Aufstellungen und Fortbewegungsarten variieren

1 Tanzt den „Break Mixer“ in seiner ursprünglichen Fassung aus den USA. 1/4

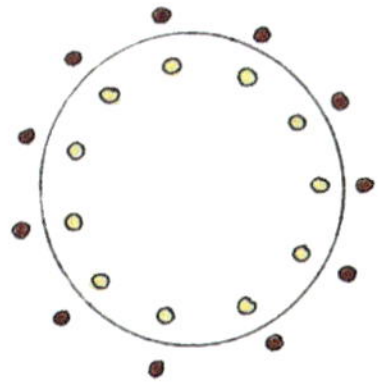

Was ist eigentlich ein „Mixer“?
„Mixer“ sind Tänze aus den USA. Wie der Name es sagt, werden die Tanzpaare während des Tanzes „gemixt“, also neu gemischt.

1

Geht sieben Schritte vorwärts und wendet euch dann einander zu.

2

Geht vier kleine Schritte rückwärts auseinander. Stampft und klatscht am Platz:

♪ ♪ ♩ (stampfen) ♪ ♪ ♩ (klatschen)

3

Hakt euch mit den rechten Armen unter und tanzt acht Schritte im Kreis.

4

Hakt euch mit den linken Armen unter und tanzt acht Schritte im Kreis.

Wenn ihr den Tanz sicher könnt, dann macht es Spaß nach jedem Tanzdurchgang rasch neue Paare zu bilden. Probiert einmal aus, ob es euch gelingt.

Mithilfe der Tanzbeschreibung die tradierte Form des „Break Mixers“ entschlüsseln; dazu Aufstellung, Schrittfolgen, Drehungen und Handfassungen beschreiben; den „Break Mixer“ mit und ohne Partnerwechsel tanzen; Zusatzangebot: freie Schrittfolgen entwickeln und diese zur Musik ausführen

Kleiner Grußkanon

1/5

Text und Melodie: Uli Führe

1 Singt das Lied mehrfach und tanzt zu jeder Liedzeile so, wie die Kinder es euch zeigen.

Den Grußkanon ein- und mehrstimmig singen; über Begrüßungen und Verabschiedungen in anderen Ländern sprechen und die eigenen Texte gegebenenfalls in das Lied einsetzen; zum Lied zeilenweise tanzen; dabei in jedem Durchgang ein neues Partnerkind auswählen

Der Himmel geht über allen auf

1/6 – 7

Text: Wilhelm Willms,
Melodie: Peter Janssens

1 Begleitet das Lied mit **Stabspielen**.

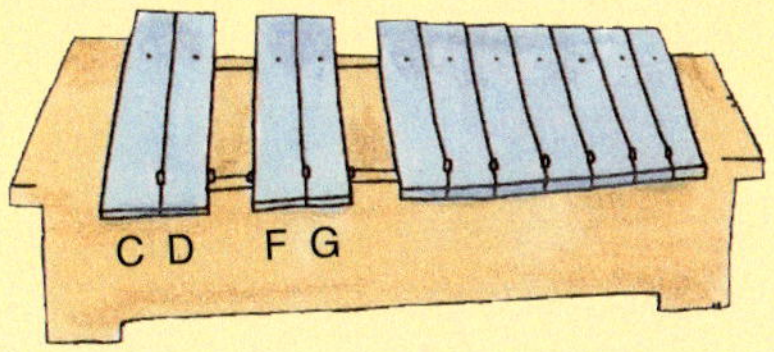

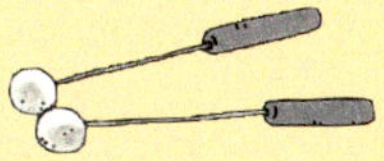

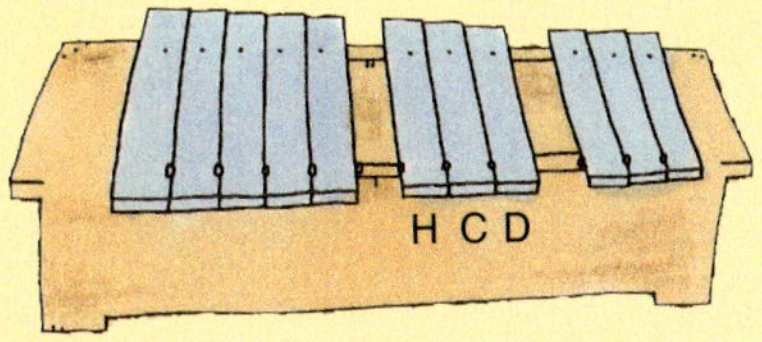

1. Stimme

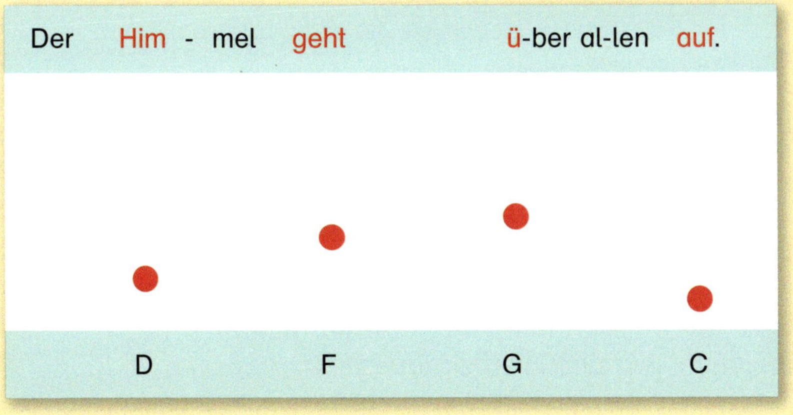

2. Stimme

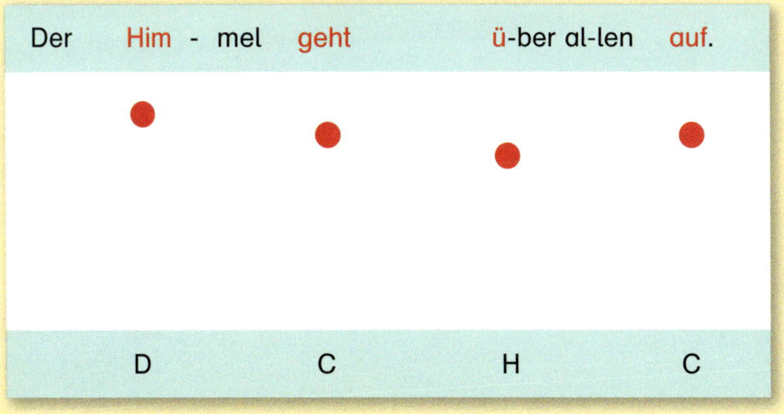

Das Lied (auch im Kanon) singen; die Viertelpausen des Liedes mit einem Becken, die Achtelpausen mit Fingerzimbeln mitspielen; das Lied mithilfe der grafischen Notation mit Stabspielen oder Klangbausteinen begleiten; dazu die Töne zunächst mit den Tonnamen singen und den Tonhöhenverlauf mit der Hand zeigen

Fußball

1/8 – 9

Text und Melodie: Fredi Jirovec

1 Was sagen die Kinder dieser Seite zum Thema Fußball? Lest die Sprechblasen und diskutiert darüber.

Die Bilder und Sprechblasen als Gesprächsanlass nutzen; die drei Teile des Liedes sukzessive erarbeiten und die eigene Sprech- und Singstimme rhythmisch und tonal sicher einsetzen; die roten Noten des Liedes mit Bodypercussion (z.B. klatschen) oder mit Rhythmusinstrumenten (z.B. Maracas) mitspielen

2. Unsere Lieblingsfarben, vom Pulli bis zum Schal,
sind von unsrem Stammclub, klarer Fall!
Auf der Heimtribüne sind wir der Megachor,
jetzt die große Chance! Tooooor!
Wir stehen auf Fußball ...

Was macht ein Beatboxer?
Beim Beatboxen werden Schlagzeugklänge ausschließlich mit dem Mund, der Nase und dem Rachen erzeugt. Ein guter Beatboxer kann die Schlagzeugklänge täuschend echt nachmachen. Eine Mischung aus Konsonanten, Geräuschen und technischen Tricks moderner Mikrofone schaffen erstaunliche Klänge.

1 Übt für den Refrain eine Beatboxing-Begleitung.

Trainiert mit eurem Mund zuerst die Explosivlaute B, K, P und T. Sprecht sie scharf und kräftig!

Übt die folgende Zeile rhythmisch. Betont die roten Explosivlaute kräftig und vernachlässigt die Selbstlaute.

Bildet zwei Gruppen: eine Singgruppe und eine Beatboxing-Gruppe.
Die Singgruppe beginnt mit dem Refrain, die Beatboxer setzen bei „Fußball" ein.

Für den Refrain des Liedes schrittweise eine Beatboxing-Begleitung erarbeiten; dabei im Sinne der Stimmbildung eine bewusste Atmung sowie eine ausgeprägte Artikulation anstreben

Nachts im Wald

Der Nachtforscher studiert das Aussehen, die Lebensweise und die Geräusche von Tieren, die in der Dämmerung oder nachts aktiv sind.

Damhirsch

Wolf

1 Welche vier Tiere von den Fotos wird der Forscher heute beobachten? Entscheide.

B-Teil:

Meine Beobachtungen:

1. — —
2. – – —
3. – – – –
4. —

Amsel

Regenwurm

Fledermaus

2 Baut ein Sprechstück: Wechselt dazu den A-Teil und den B-Teil ab.

A-Teil: Ein Kind spricht als Nachtforscher ein **Solo**.

B-Teil: Eine Kleingruppe einigt sich auf vier Tiere und spricht die Folge gemeinsam.

B-Teil:

— —	– – —	– – – –	—

Die Namen der gezeigten Tiere (Fotos, Seite 14/15) in Silben sprechen (ggf. leise klatschen) und sie den rhythmischen Bausteinen der Beobachtungsliste zuordnen (z.B. Am-sel = – –); ein Sprechrondo gestalten: den A-Teil solistisch sprechen; für den B-Teil vier Tiernamen auswählen und diese rhythmisch sprechen

Waldohreule

Luchs

Siebenschläfer

1 Lies die Rätsel. Welche Tiere von den Fotos werden beschrieben?

(1) In der Dämmerung und nachts jagt das Tier viele Stunden nach Mäusen und kleinen Vögeln. Dabei gleitet es lautlos dicht über dem Boden.

(2) In der Dämmerung kann dieses Tier besonders gut sehen und hören. Das Rascheln einer Maus hört es noch aus 50 Metern Entfernung, die Bewegung eines Rehs sogar aus 500 Metern Entfernung. Beim Jagen schafft es Geschwindigkeiten von bis zu 70 km/h.

(3) Über eine Stunde vor Sonnenaufgang flötet das Tier sein abwechslungsreiches Lied. Damit ist es eines der Ersten, das morgens zu hören ist.

(4) Gemeinsames Heulen stärkt das Zusammengehörigkeitsgefühl im Rudel. Das gesuchte Tier ist vor allem nachts und in der Dämmerung zu hören.

(5) Von Biologen wird es „Dama dama" genannt. In der Dämmerung kann man laute Kau- und Schmatzgeräusche hören, wenn es Kastanien frisst. Oft hat es einen schweren Kopfschmuck.

2 Höre fünf Tierstimmen von der CD.
Welches Hörbeispiel gehört zu welchem Tier? 1/10 – 14

Viele **Komponisten** haben sich von dem Klang einer Tierstimme inspirieren lassen.
Dem Nachtforscher gefällt das Klavierstück „Liden Fugl", das heißt auf Deutsch „Kleiner Vogel".
Das Musikstück stammt von dem norwegischen Komponisten **Edvard Grieg**.

3 Wähle eine gemütliche Hörposition und lausche der Musik. 1/15
Welche Bilder entstehen in deinem Kopf?
Male zur Musik ein Bild oder schreibe eine Geschichte.

4 Findet euch zu zweit zusammen.
Stellt euch eure Ideen, Bilder und Geschichten gegenseitig vor.

5 Präsentiert alle Ergebnisse in der Klasse und sprecht darüber.

Die Tiere in Rätseln näher erkunden; mithilfe der Hörbeispiele (CD 1/10 –14) Tierstimmen kennen- und unterscheiden lernen sowie ggf. stimmlich nachahmen; das Hörbeispiel CD 1/15 (E. Grieg: Liden Fugl) hören; sich über die Höreindrücke austauschen und eigene Ideen aufmalen und/oder aufschreiben

Zwei kleine Wölfe

1 / 16 – 17

Text und Melodie: mündlich überliefert,
Bearbeitung: Werner Rizzi

Teil 1:
Geht auf der Kreisbahn vorwärts.

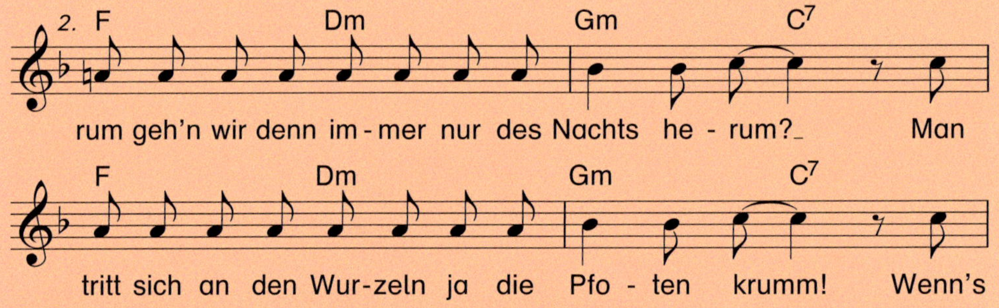

Teil 2:
Bleibt stehen und patscht und klatscht abwechselnd.

1 Singt das Lied
von den zwei kleinen Wölfen
und begleitet es mit **Stabspielen**.

Das Lied von den Wölfen kennen- und singen lernen; dabei die einzelnen Liedabschnitte im Notenbild mitverfolgen; das gesamte Lied mit Stabspielen begleiten

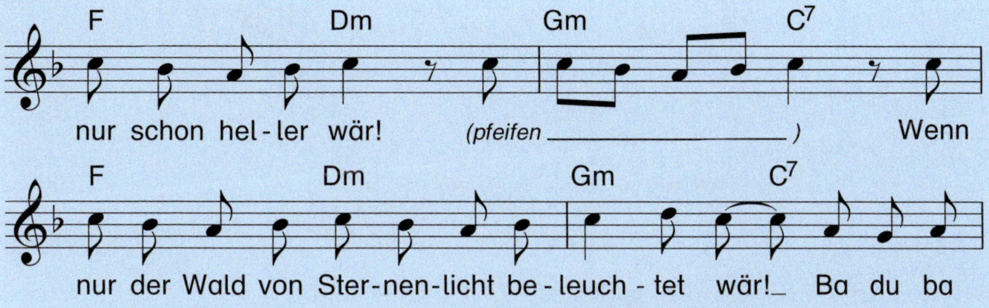

Teil 3:
Patscht und schnipst abwechselnd.

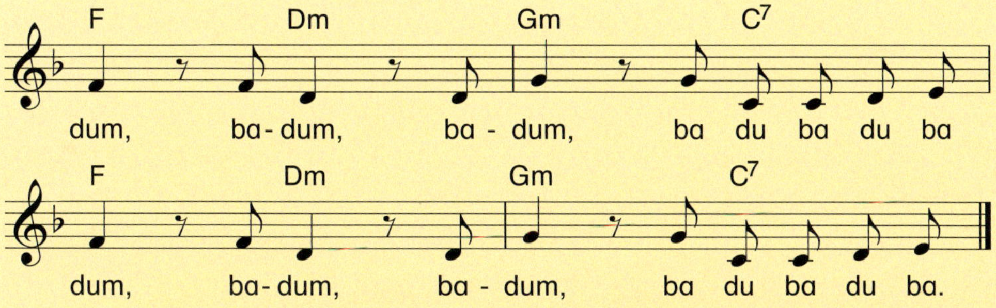

Teil 4:
Dreht euch mit langsamen Schritten um euch selbst.

1 Singt das Lied im Kreis.
Tanzt zu jedem Liedteil so,
wie die Karten es beschreiben.

2 Versucht das Lied in zwei Kreisen
zu singen und zu tanzen.

Bildet einen Innen- und einen Außenkreis.

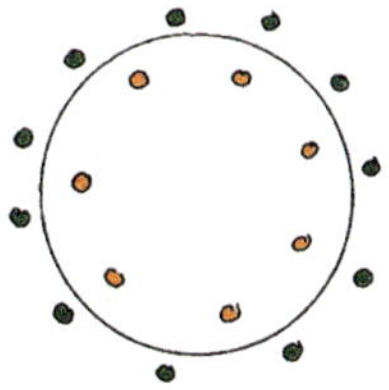

Die Kinder im Außenkreis beginnen. Sie singen und tanzen das Lied.

Die Kinder im Innenkreis setzen erst dann mit dem Gesang ein, wenn die Kinder im Außenkreis den zweiten Liedteil erreicht haben.

So erklingt euer Lied im **Kanon**.

Das Lied im Kreis singen und tanzen; dabei zu jedem Liedabschnitt unterschiedliche Bewegungen ausführen; das Prinzip des Kanon-Singens bewusst machen und durch das Tanzen in konzentrischen Kreisen, die sich den Einsätzen entsprechend bewegen, verdeutlichen

Nachts im Wald

Die Wölfe lieben Musik.
Einmal in der Woche treffen sie sich
mit ihren Freunden zum Proben.
Heute steht ein kniffeliges Sprechstück
auf dem Probenplan.

1 Hört das Sprechstück der Tiere von der CD.
1 / 18

2 Sprecht die einzelnen Stimmen der Tiere rhythmisch.

Bomm bomm tschika

1 / 18

Text und Melodie:
mündlich überliefert

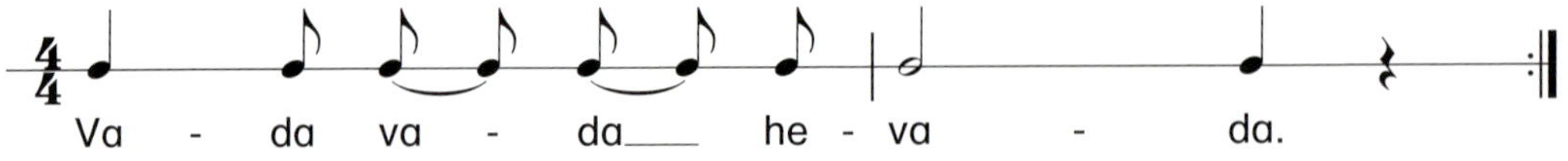

Die Situation der Seite erfassen und die Tiere benennen; das Sprechstück (Hörbeispiel CD 1/18) von der CD hören und die Einzelstimmen (Wölfe, Wildschweine, Eulen) rhythmisch sprechen; dabei auf eine gute Artikulation Wert legen

Vor ihrem Sprechstück möchten die Tiere mit Instrumenten ein Vorspiel spielen. Dazu brauchen sie eure Hilfe!

1 Bildet Gruppen.

2 Sprecht und klatscht die vier **Rhythmen** einzeln. Wiederholt jeden Rhythmus mehrfach.

1
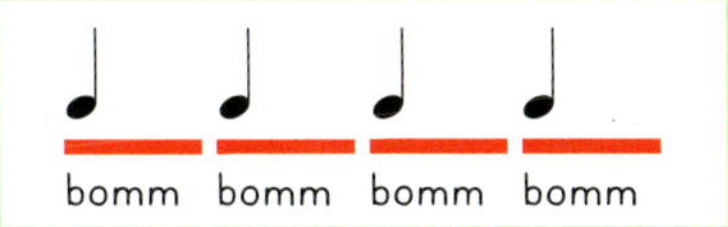

2

3
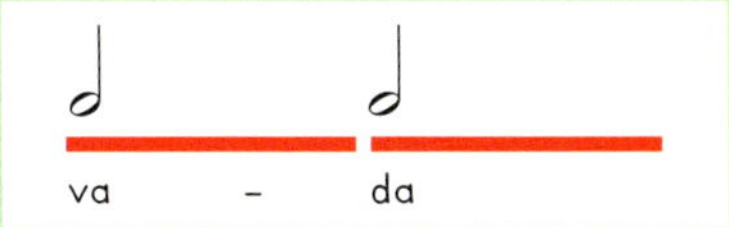

4

3 Wählt für jeden Rhythmus ein geeignetes Instrument aus. Übt den Rhythmus mit diesem Instrument.

4 Spielt die vier Rhythmen mit euren Instrumenten gleichzeitig. So erklingt euer Vorspiel mehrstimmig.

Warum sehen die Noten eigentlich unterschiedlich aus?
Notenwerte sind Zeichen, die uns die Länge eines Tons anzeigen. Je nach ihrer Länge sehen die Noten unterschiedlich aus.

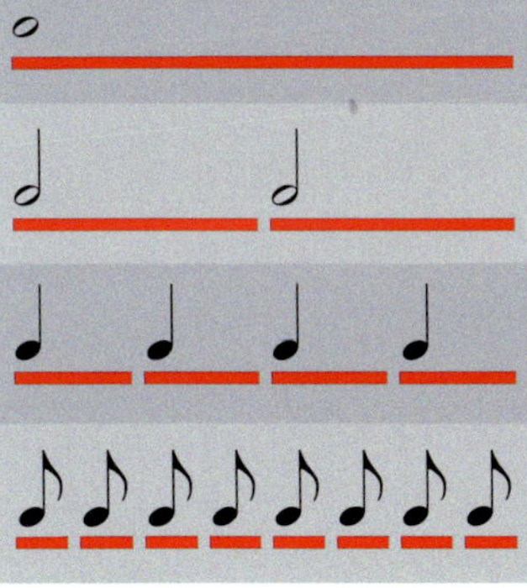

Eine ganze Note dauert so lang
wie zwei halbe Noten,
wie vier Viertelnoten,
wie acht Achtelnoten.

In Kleingruppen ein Vorspiel zum Sprechstück erarbeiten: die vier Rhythmen einzeln sprechen und für jeden Rhythmus ein passendes (lang- oder kurzklingendes) Instrument auswählen; damit die vier Rhythmen ein- und mehrstimmig spielen; in der gemeinsamen Reflexion über Tonlängen/Notenwerte sprechen und diese bewusst unterscheiden

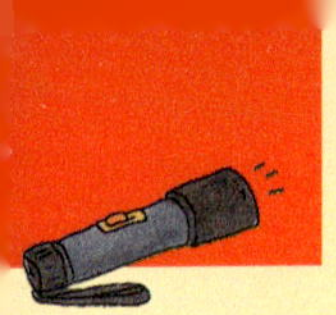

In des Waldes Nacht

1/19 – 20

Text: Wilfried Behrendt,
Melodie: Manfred Grote

2. In des Waldes Grund, ratatam,
lauern Stund um Stund, ratatam,
wild und schauerlich, ratatam,
Räuber auch auf dich, ratatam!
Holla, holla, hollahollaho,
fette Beute macht die Räuber froh!
Und sie lauern gierig Stund um Stund
in des Waldes Grund!
O weh! O weh! O weh!

3. In des Waldes Schoß, ratatam,
ist der Teufel los, ratatam,
Pulverdampf und Blei, ratatam,
niemand steht dir bei, ratatam!
Holla, holla, hollahollaho,
fette Beute macht die Räuber froh!
Und es ist total der Teufel los
in des Waldes Schoß!
O weh! O weh! O weh!

4. In des Waldes Nacht, ratatam,
ehe du's gedacht, ratatam,
kommt die Räuberbrut, ratatam,
drum sei auf der Hut, ratatam!

1 Singt die schwarzen Texte gemeinsam.
Gestaltet die roten Texte in einer kleinen Gruppe.

2 Begleitet das Räuberlied mit Stöcken oder Claves.

A-Teil:
Klopft in jeder Viertelpause einmal mit eurem Stock auf den Boden.

B-Teil:
Schlagt eure Stöcke rhythmisch gegeneinander.

Das Räuberlied differenziert und ausdrucksstark gestalten; mit Stöcken (oder Claves) eine Begleitung zum Lied erarbeiten: dazu im A-Teil in jeder Viertelpause einmal mit dem Stock auf den Boden klopfen, im B-Teil die Stöcke zu zweit rhythmisch gegeneinanderschlagen

Dicker Bär und Dünner Adler

1/21 – 22

Text: Rolf Krenzer,
Melodie: Inge Lotz

2. Dicker Bär springt übern Graben
und sagt laut: „Das ist nicht schwer!“
Und der Häuptling Dünner Adler
springt natürlich hinterher.
Yippi yippi …

3. Dicker Bär schleicht durch die Wälder
und sagt leis: „Das ist nicht schwer!“
Und der Häuptling Dünner Adler
schleicht natürlich hinterher.
Yippi yippi …

4. Dicker Bär späht durch die Büsche
und sagt leis: „Das ist nicht schwer!“
Und der Häuptling Dünner Adler
späht natürlich hinterher.
Yippi yippi …

1 Hört das Lied von der CD. 1/21
Spielt den Inhalt des Liedes als Pantomime zu zweit:
Dicker Bär spielt vor, Dünner Adler macht alles genau nach.
Tauscht im zweiten Durchgang die Rollen.

2 Sammelt Begriffe aus dem Wortfeld „gehen“.
Versucht, sie pantomimisch ausdrucksvoll darzustellen.

schleichen stapfen jagen trödeln
schreiten tänzeln hetzen ?

3 Lasst die anderen Kinder in der Klasse raten,
welche Begriffe ihr dargestellt habt.

Was ist eine Pantomime?
Das Wort Pantomime kommt aus dem Griechischen und bedeutet „alles nachahmend“ („pan“ = alles; „mimos“ = nachahmend).
So werden in einer Pantomime Gegenstände, Personen, Gefühle und Handlungen nur mit Gebärden und dem Körper dargestellt – ganz ohne Worte. Professionelle Pantomimen müssen viele Jahre üben, bis sie ihre wortlose Kunst beherrschen.

Das Lied singen; den Inhalt des Liedes pantomimisch gestalten; dazu bewusst das Wortfeld „gehen“ erarbeiten und die unterschiedlichen Begriffe als Pantomime vielfältig darstellen; die Strophen des Liedes mit Handtrommeln und Guiros begleiten; im Refrain im Sprechrhythmus mit dem Schellenring mitspielen

Nachts im Wald

Springt da Hirsch übern Bach

1/23

Text und Melodie: mündlich überliefert

2. Sagt der Hirsch: „Des is a Mo,
der si drei driedoppelte
scheene, greane, braune Brombeerblätterbladl
abbrocka ko!“

3. Springt da Has übern Zaun,
brockt si zwo zwiezipfate,
scheene, greane, braune Dirndlbirlbladl
ab von da Staudn.

4. „Ei“, sagt da Has: „Des is a Mo,
der si zwo zwiezipfate,
scheene, greane, braune Dirndlbirlbladl
abbrocka ko!“

5. Und a Floh und a Fliagn,
de san so schwar zum kriagn,
hätt da Floh d'Flügl von da Fliagn
war a no schwara zum kriagn.

1 Singt die Liedmelodie zunächst auf die Tonsilbe „du“, „no“ oder „la“. Achtet genau auf den Verlauf der **Melodie**: Wann wird die Melodie tiefer, wann wieder höher?

2 Arbeitet paarweise mit einem **Stabspiel**. Ein Kind spielt einen Ton vor – das zweite Kind hört genau zu und singt den Ton exakt nach. Experten können auch kleine Tonfolgen üben!

Den mundartlichen Text des Liedes gut artikuliert sprechen; die Strophen ggf. in den eigenen Dialekt übertragen; beim Singen des Liedes auf eine saubere Intonation achten; dazu den Tonhöhenverlauf des Liedanfangs (tiefer werden/höher werden) in der Notation mitvollziehen; zu zweit eine Intonationsübung mit einem Stabspiel durchführen

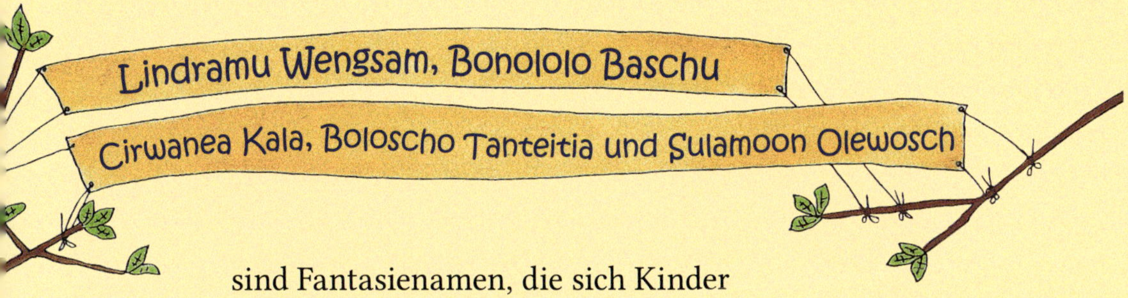

sind Fantasienamen, die sich Kinder für Bäume ausgedacht haben.

1 Sprich die Namen der Fantasiebäume und lass dir ihren Klang „auf der Zunge zergehen".

Baumkanon

1 / 24

Text: Ernst Wieblitz unter Verwendung von von Kindern erfundenen Baumnamen, Melodie: Ernst Wieblitz

2 Spielt den klingenden Wald:

Verteilt euch im Raum.
Stellt euch als Bäume aufrecht hin und fühlt, wie beide Füße euer Körpergewicht tragen.
Jedes Kind wählt sich einen Baumnamen aus dem Lied aus.
Ein Kind aus der Klasse geht als Wanderer durch den Raum. Berührt das wandernde Kind einen Baum, so flüstert, ruft oder singt dieser seinen Baumnamen.

Nach und nach erklingen immer mehr Bäume, bis schließlich der ganze Wald ertönt.
Geht das wandernde Kind erneut von Baum zu Baum, so hüllen sich die berührten Bäume wieder in Schweigen.

(Spielidee: Christiane Wieblitz)

3 Schau dir die folgenden Zeichen an und erkläre sie einem anderen Kind.
Warum passen sie zu dem Spiel?

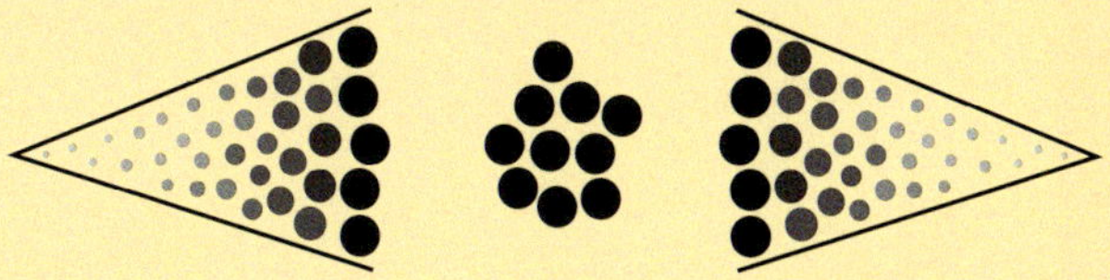

lauter werden | laut | leiser werden

Die Fantasienamen der Bäume in verschiedenen Lautstärken, Tonlagen und Stimmungen sprechen und das Lied (auch im Kanon) singen; im Stimmspiel „Klingender Wald" auf eine lockere, leicht gespannte Körperhaltung sowie eine anstrengungsfreie Tongebung achten; das lauter und leiser werden im Spiel bewusst reflektieren

Kaufrausch

Kaufrausch-Rap

1/25 – 26

Text und Melodie: Felix Janosa

1. Strophe:
Ja, da gibt es etwas Neues und das kommt dir grade recht.
Und du hörst davon im Radio, die Sache klingt nicht schlecht.
Und du siehst es in der Werbung und es macht dich einfach an.
Und da steht es schon im Laden, Junge, halt dich da mal ran.

Refrain:
Ja, da musst du traben, traben und sofort die Sachen haben,
die schon alle andern tragen, denn die andern hab'n das Sagen.
Ja, da musst du laufen, laufen und sofort die Sachen kaufen,
die schon alle andern haben oder du bist out!
Kaufrausch! (4-mal)

2. Strophe:
Es ist teuer, wirklich teuer und es sieht verdammt gut aus.
Und die andern, alle andern haben es auch schon zu Haus.
Jeder will es, jeder braucht es, doch die Sache ist zu dumm.
Wirklich jeder ist verrückt danach, doch keiner weiß, warum.

Refrain:
Ja, da musst du traben, traben …

3. Strophe:
Und jetzt hast du diese Sachen und du nimmst sie mit nach Haus.
Und du denkst dir, in der Werbung sah das etwas besser aus.
Und dann weißt du nicht, wohin damit und tust es erstmal weg.
Doch da gibt es etwas Neues und da kriegst du einen Schreck.

Refrain:
Ja, da musst du traben, traben …

1 Hört euch den **Rap** von der CD an und sprecht über den Text. 1/25

2 Lest den Text deutlich und ausdrucksvoll.

Den Kaufrausch-Rap von der CD hören und über die Funktion und Absicht von Werbung sprechen (Werbung informiert, weckt Wünsche, kann verführen); zum Play-back des Raps (Hörbeispiel CD 1/26) den Text stark rhythmisch und gut artikuliert sprechen

1 Übt die Strophen und tanzt und begleitet sie so:

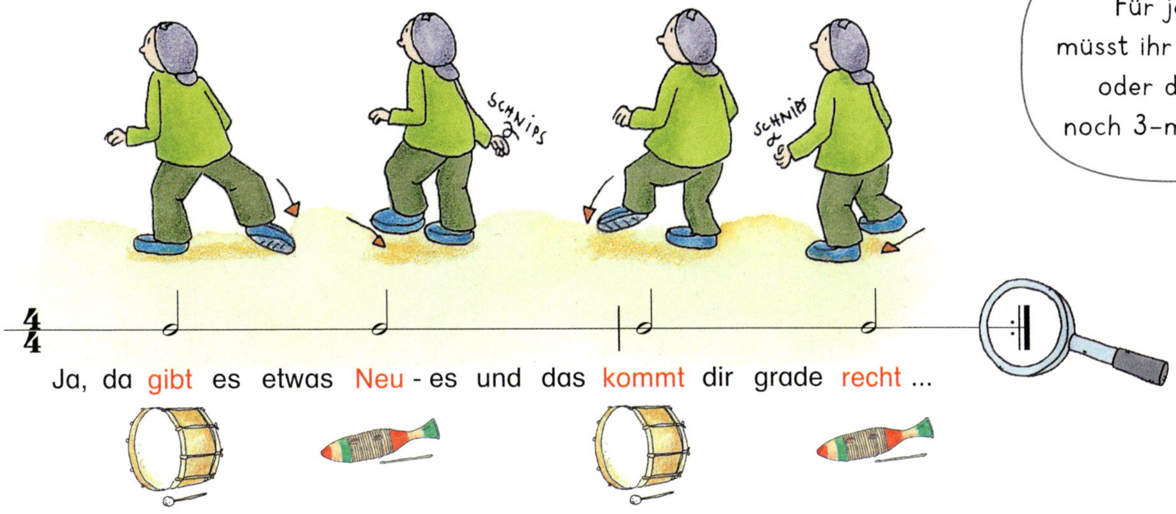

2 Denkt euch für den Refrain eine eigene Bewegungsfolge aus.

3 Vier Kinder können bei dem Wort „Kaufrausch" eine Begleitung mit Münzen spielen.

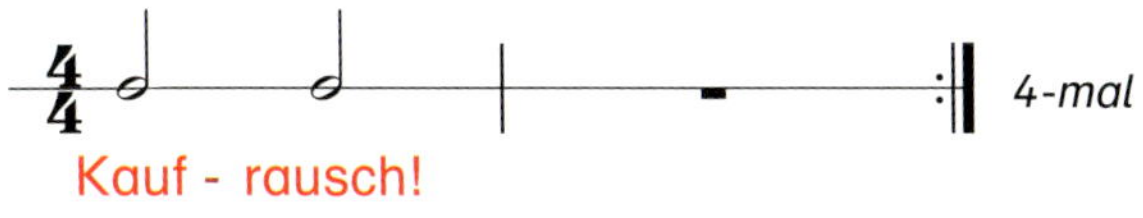

Zu den Strophen des Raps eine Schrittfolge sowie eine rhythmische Begleitung erarbeiten; dabei gegebenenfalls das Wiederholungszeichen thematisieren; für den Refrain freie Bewegungsformen auswählen und diese zum Rap tanzen; das Wort „Kaufrausch" durch rhythmische Münztöne (Schütteln und Fallenlassen der Münzen) betonen

Max: Hallo, Herr Pfeifer! Danke, dass Sie als gefragter Werbekomponist heute Zeit für mich haben.

Herr Pfeifer: Hallo, Max! Du hast mir gemailt, dass du dich für Werbemusik interessierst. Was möchtest du denn gerne wissen?

Max: Beim Fernsehen oder im Kino kommt ja immer ganz schön viel Werbung. Mir ist aufgefallen, dass in den Werbespots fast immer Musik dabei ist. Warum ist das so?

Herr Pfeifer: Dazu musst du erst einmal wissen, wie Werbung überhaupt funktioniert. Werbung will uns auf ein bestimmtes Produkt aufmerksam machen. Wir sollen uns für das Produkt interessieren und den Wunsch bekommen, es zu haben. Das geschieht zum Beispiel mit witzigen, einprägsamen Texten und oft auch mit extra komponierter Werbemusik.

Max: Also will die Werbung uns dazu bringen, bestimmte Sachen zu kaufen?

Herr Pfeifer: Ja, genau.

Max: Und welche Rolle spielt die Musik dabei?

Herr Pfeifer: Musik schafft es auf ganz besondere Weise, Gefühle zu vermitteln oder bestimmte Bilder in uns zu wecken.

Max: Das stimmt! Es gibt Lieder, die mich sofort an Sonne, Eis und Strand erinnern.

Herr Pfeifer: Ja, genau damit arbeiten wir Werbekomponisten. Wir bekommen von einer Firma den Auftrag, für ein Produkt eine passende Musik mit bestimmten Eigenschaften zu komponieren.

Max: Also für eine Schokolade vielleicht eine langsame, angenehme Musik …?

Herr Pfeifer: Zum Beispiel. So verbindet der Hörer oder der Fernsehzuschauer mit dem Produkt automatisch ein angenehmes Gefühl und kann sich besser an den Namen des Produktes erinnern als ohne Musik.

Max: Das ist ja raffiniert! Kann ich das mal ausprobieren?

Herr Pfeifer: Ja, klar. Ich spiele dir mal ein paar Beispiele vor. Mal sehen, ob du herausfindest, zu welchen Produkten ich die Musik komponiert habe.

Das Interview mit verteilten Rollen (Kind/Werbekomponist) lesen und über den Inhalt sprechen; den Beruf des Werbekomponisten kennenlernen und intensiv über die Funktion von Musik in der Werbung reflektieren

Begeistert lauscht Max den Musikstücken von Herrn Pfeifer.
Zwei davon gefallen ihm besonders gut.
Höre diese beiden Beispiele von der CD. 1/27 – 28

1 Wähle eine Werbemusik aus. Überlege, welches Produkt du damit bewerben möchtest.

2 Male dein Produkt auf ein Plakat.

3 Gib deinem Produkt einen Namen.

4 Erfinde einen überzeugenden Werbespruch für dein Produkt.

5 Tausche dich mit einem Partnerkind über deine Ideen aus.

6 Stelle dein Produkt in der Klasse vor. Lass die anderen Kinder raten, zu welcher Musik dein Produkt passt.

Zwei im Charakter gegensätzliche Werbekompositionen (Hörbeispiele CD 1/27 – 28) hören; ein Hörbeispiel auswählen und mithilfe der Höraufgaben ein passendes Werbeprodukt „erfinden"; die vielfältigen Ergebnisse in der Klasse präsentieren und analysieren, ob Produkt und Musik gut zueinander passen

Choco choco la la

1/29

Text und Rhythmus:
mündlich überliefert

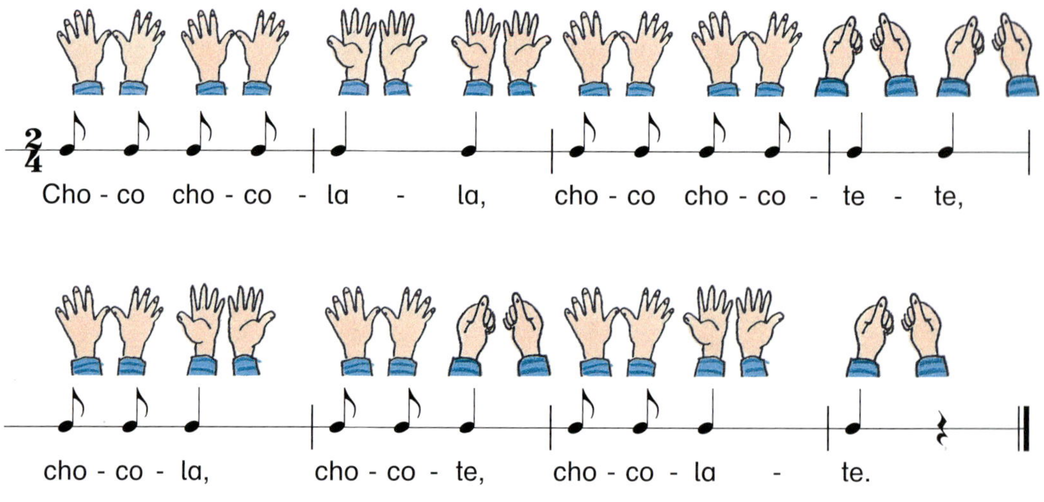

Stellt euch vor, ihr seid ein Filmteam.
Ihr bekommt den Auftrag, einen Werbespot für **SCHOKOLADE** zu drehen.

1 Übt für eure Dreharbeiten den Text des Sprechverses und begleitet ihn mit den gezeigten Handbewegungen.

2 Fügt die Handbewegungen zu einem Klatschspiel zusammen. Probiert die Bewegungen mit einem anderen Kind oder auch mit mehreren Kindern.

Als Vorbereitung für die Gruppenarbeit (Seite 29 – Erfinden eines Werbespots für Schokolade) den Sprechvers gemeinsam erarbeiten; jeder Silbe (choco, la, te) eine Handbewegung zuordnen; die Bewegungsfolge zu zweit oder mit mehreren Kindern erst langsam, dann auch in raschem Tempo ausführen

Tipps für eure Dreharbeiten

① Bildet Kleingruppen.
Besorgt euch Papier und Stifte.

② Übt das Sprechstück „Choco choco la la“ in eurer Gruppe.

③ Schreibt ein Drehbuch für euren Werbespot.
Was passiert rund um das Sprechstück?

EINLEITUNG?

HAUPTTEIL:
Sprechstück
„Choco choco la la“

SCHLUSS?

④ Erfindet einen Namen für eure Schokolade.

⑤ Übt euren Werbespot, bis ihr alle Teile gut könnt.
Macht eine Generalprobe.

✓ Könnt ihr alle Teile sicher und flüssig?

✓ Ist euer Werbespot überzeugend?

✓ Was könnt ihr noch verbessern?

⑥ Führt euren Werbespot vor und filmt ihn.

In einer Gruppenarbeit einen Werbespot für Schokolade erfinden; diesen mithilfe der Aktionskarten schrittweise erarbeiten und einen individuellen Ablauf (ein „Drehbuch“) festlegen; die Ergebnisse gruppenweise präsentieren, besprechen und ggf. mit einer Kamera filmen

I kenn an Bärn

1/30 – 31

Text und Melodie: Georg Feils,
bayerische Textfassung: E. Sepp

2. Ja, ziemlich kloa und kunterbunt,
z'vui davon is aa net gsund
– nass pappt er ganz guat,
sogar auf Omas Huat.
Dös is da Gummi- …

3. Und wer halt z'vui davon verzehrt,
für den hat's ausgegummibärt.
Ach, du lieber Schwan –
dem bohrt man im Zahn.
Dös is da Gummi- …

Den mundartlichen Liedtext singen und über den Inhalt des Liedes sprechen; den Humor des Liedes für die spielerische Förderung gesundheitsorientierter Einstellungen und Verhaltensweisen nutzen

1 Begleitet den Refrain des **Liedes** mit **Körperinstrumenten**.

2 Spielt zur Strophe des Liedes mit **Stabspielen**. Die Sprechtexte helfen euch, im **Tempo** zu bleiben.

Das gesamte Lied begleiten und den Wechsel von Strophe und Refrain bewusst machen; zum Refrain eine feste Klanggestenfolge erlernen, die Strophen des Liedes zweistimmig mit Stabspielen und/oder Klangbausteinen begleiten

Wer hat die Kekse geklaut?

1/32

Text und Melodie:
Heinz Benker

Einleitung (alle)

1 Sprecht den Vers mit verteilten Rollen: Ein Kind spricht die blauen Texte, ein Kind die roten Texte. Alle weiteren Kinder sprechen die schwarzen Texte.

2 Begleitet den Sprechvers mit Keksdosen, Kochlöffeln und Schneebesen.

Den Sprechvers (auch mit verteilten Rollen) gestalten; mit Keksdosen, Kochlöffeln und Schneebesen die gezeigten Spielweisen erproben und diese in einer rhythmischen Begleitung zum Vers einsetzen; Zusatzangebot: eigene Spielweisen und -ideen einbringen und diese zum Vers ausführen

Ich schenk dir einen Regenbogen

1/33

Texte und Melodie:
Dorothée Kreusch-Jacob

2. Ich schenk dir hundert Seifenblasen,
sie spiegeln mein Gesicht.
Ich wünsch dir was!
Was ist denn das?
Nein – ich verrat's dir nicht.

3. Ich schenk dir eine weiße Wolke
hoch am Himmel dort.
Ich wünsch dir was!
Was ist denn das?
Es ist ein Zauberwort.

4. Ich schenk dir einen Kieselstein,
den ich am Wege fand.
Ich wünsch dir was!
Was ist denn das?
Ich schreib's in deine Hand.

5. Ich schenk dir einen Luftballon,
er schwebt ganz leicht empor.
Ich wünsch dir was!
Was ist denn das?
Ich sag's dir leis ins Ohr.

6. Ich schenke dir ein Kuchenherz,
drauf steht: „Ich mag dich so!"
Ich wünsch dir was!
Was ist denn das?
Jetzt weißt du's sowieso.

Das Lied mithilfe der Strophenbilder auswendig singen lernen; über materielle und nicht materielle Wünsche und Geschenke nachdenken und sprechen; das Lied gegebenenfalls als Geburtstagslied in der Klasse singen

Das Gespenst auf Weltreise

Stellt euch vor: Ich bin auf Weltreise!
Meine erste Station ist Simbabwe – Afrika.
Viele Menschen sprechen hier Englisch und viele auch die Sprache des Shona-Volks.
Ich habe schon ein Begrüßungslied in der Shona-Sprache gelernt.
Salibonani heißt Guten Morgen! ☺
Melde mich bald wieder!

07:08 , 14 Apr.

Salibonani

2/1–2

Text und Melodie: mündlich überliefert

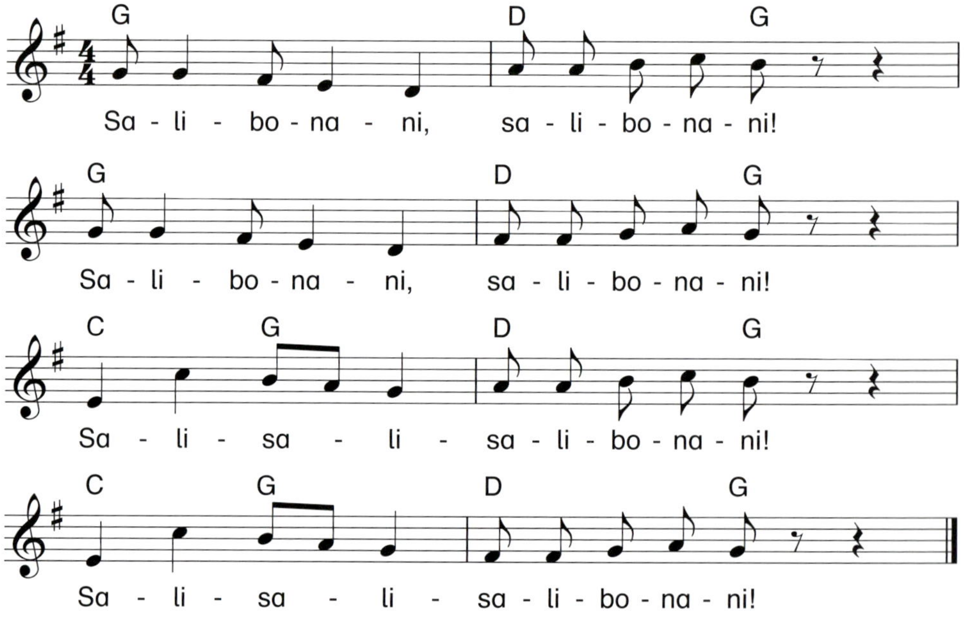

1 Begleitet die Liedzeilen 1 und 2 mit **Körperinstrumenten**.

2 Tanzt zu den Liedzeilen 3 und 4 so, wie das Kind es zeigt:

Sich über die Kurznachrichten des Gespenstes (Seite 34–39) mit verschiedenen Ländern und Kulturen auseinandersetzen und die vielfältigen Musikstücke für eigene musikalische Aktionen nutzen; ein afrikanisches Begrüßungslied singen und dieses mit Bodypercussion und fließenden Gesten begleiten

Ich bin jetzt in New York
am berühmten Broadway!
Hier gibt es richtig viele
Tanztheater. Habe mir das Musical
„Cats" angeschaut. Die Katze
Grizabella und der Kater
Mr. Mistoffelees haben mir
am besten gefallen.

22:30 , 17 Apr.

CATS – ein weltberühmtes Musical?
Das Musical „Cats" ist eines der erfolgreichsten Musicals aller Zeiten!
Der **Komponist Andrew Lloyd Webber** beschreibt verschiedene Katzen, die sich einmal im Jahr zum großen Katzenball treffen.
Mit Musik und Tanz erzählen die Katzen dort Geschichten aus ihrem Leben!
Seit 1981 wird das Musical „Cats" ohne Unterbrechung in London und New York gespielt.
Auch in Hamburg wurde das Musical viele Jahre mit großem Erfolg aufgeführt.

Grizabella ist eine alte, verwahrloste Katze, die von allen anderen Katzen ausgegrenzt wird.
In ihrem Lied „Memory" (engl. memory = Erinnerung) erinnert sie sich an die glanzvollen, schönen Tage in ihrem Leben.

1 Hört Grizabellas Lied von der CD. 2/3
An welche schönen Ereignisse könnte sich Grizabella erinnern?

Auftritt als Ballkönigin

Stargast in einer Show

?

2 Tanzt das Ereignis pantomimisch zum Lied. Wenn ihr mögt, könnt ihr auch Requisiten verwenden.

Mr. Mistoffelees ist ein kleiner, schwarzer Kater, der bei allen sehr beliebt ist, da er erstaunliche Zaubertricks beherrscht.

3 Hört das **Lied** von Mr. Mistoffelees von der CD. 2/4
Unterscheidet die Strophen und den Refrain durch Bewegungsformen mit einem Luftballon.

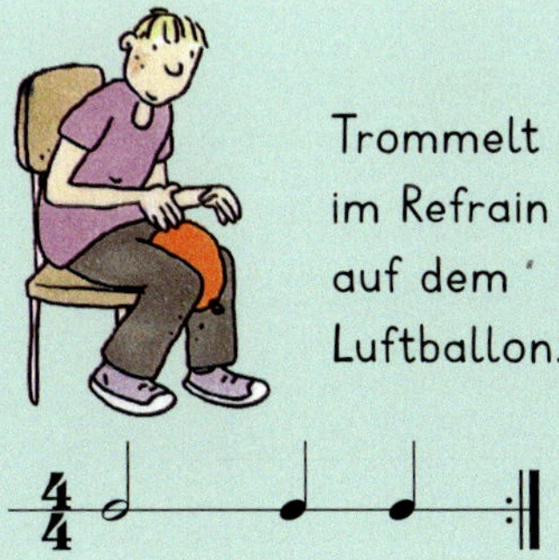

Trommelt im Refrain auf dem Luftballon.

Führt in den Strophen Kunststücke mit dem Ballon aus.

Die Hörbeispiele CD 2/3–4 (Ausschnitte aus: A. Lloyd Webber: Cats) hören; sich mithilfe der Texte, Bilder und Aufgaben mit Ausdrucksmöglichkeiten des professionellen Tanztheaters beschäftigen; eine Aufführung des Musicals (z.B. als DVD) besorgen und Ausschnitte anschauen; verwendete Bewegungsformen und eigene Eindrücke beschreiben

Das Gespenst auf Weltreise

Ich bin jetzt in Kuba, also zwischen
Nord- und Südamerika, in der Karibik!
Habe hier tolle Musiker mit Cajons
kennengelernt.
Die solltet ihr auch mal erleben!
Trommelnde Grüße und Küsse! ☺
Euer Gespenst

16:00 , 21 Apr.

1 Die Cajon ist Instrument und Hocker zugleich. Probiere die Haltung mit deinem Instrument aus. Habt ihr keine Cajons, so trommelt auf der Stuhllehne.

2 Übt zwei verschiedene Klänge:

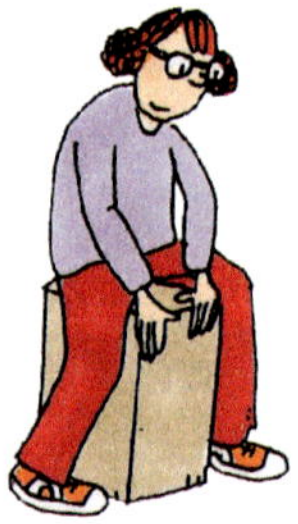

tschi – ki

Spiele den hohen TON am oberen Rand deiner Cajon!

dum

Spiele den tiefen BASS im unteren Bereich deiner Cajon!

Die Cajon – Kiste oder Trommel?
Vor über 200 Jahren wurden viele Sklaven mit afrikanischer Herkunft zum Arbeiten nach Kuba gebracht. Man erzählt sich, dass sie aus Afrika ihre Trommeln mitbrachten, die ihnen jedoch verboten und weggenommen wurden.
Den Verlust der Trommeln empfanden sie als überaus schmerzlich, da sie im Trommeln das Gefühl der Gemeinschaft und Verbundenheit spürten. Doch die Not machte sie erfinderisch: Um weiter trommeln zu können, verwendeten die Sklaven kurzerhand hölzerne Obstkisten oder auch umgedrehte Schubladen zum Trommeln.
So war die Cajon geboren. Das Wort Cajon (sprich: „kachon“) kommt aus dem Spanischen und bedeutet „Kiste“ oder auch „Schublade“.

3 Hört von der CD ein kubanisches Musikstück. 2/5
Spielt dazu zwei verschiedene Trommelstimmen:

Achtung! Spiele den BASS mit deiner starken Hand (Schreibhand).
Wie kannst du den TON spielen?
Probiere verschiedene Möglichkeiten aus.

1. Stimme

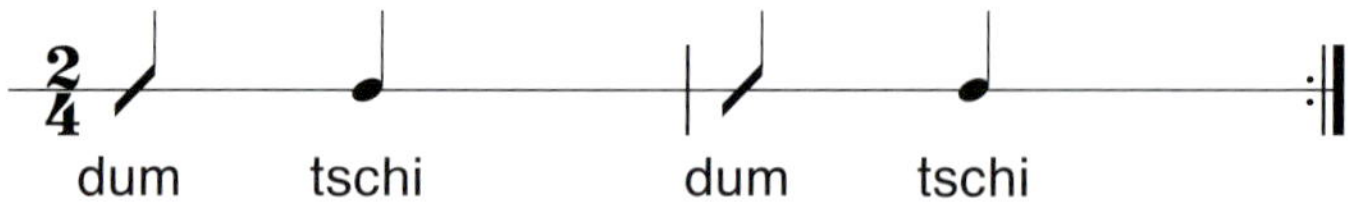

2. Stimme

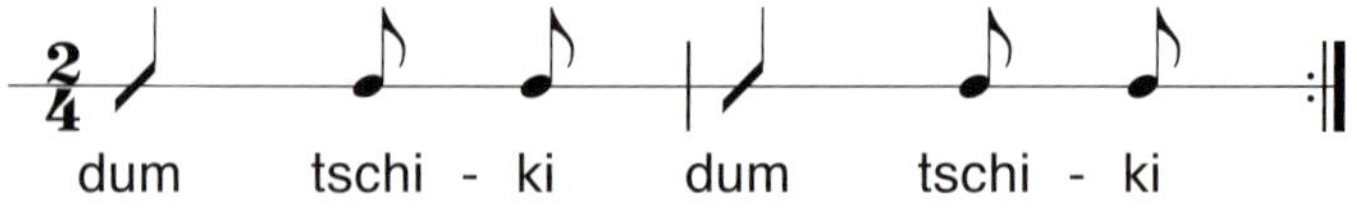

Die Geschichte und Verbreitung der Cajon kennenlernen und zwei unterschiedliche Spielweisen erproben; zum Hörbeispiel CD 2/5 (Die Cuba Boarischen: El Cafetal) einen zweistimmigen Mitspielsatz erarbeiten

Ich sende euch viele Grüße aus Straßburg!
Im Europaparlament tagt gleich eine Gruppe von mehr als 750 Frauen und Männern, die viele wichtige Entscheidungen für Europa treffen.
Gleich beginnt ein großer Festakt.
Das Orchester sitzt schon bereit.
Ich mache Schluss – der Dirigent kommt!

10:47 , 30 Apr.

1 Höre die Europahymne von der CD. 2/6
Finde heraus, wie der **Dirigent** das **Orchester** leitet.

Warum hat unsere Europa-Fahne zwölf goldene Sterne auf blauem Grund?

Welche Sprache hat die Europahymne?
Der Kontinent Europa besteht aus vielen verschiedenen Ländern. Jedes Land hat seine eigene Nationalhymne, die in der Sprache des jeweiligen Landes verfasst ist.
Im Jahr 1972 wünschte sich der Europarat eine gemeinsame Hymne für ganz Europa. Diese sollte die Zusammengehörigkeit der europäischen Länder zeigen und für offizielle Anlässe genutzt werden.
Für die europäische Hymne einigte man sich auf eine Melodie aus der 9. Sinfonie von **Ludwig van Beethoven**, die ursprünglich mit einem deutschen Text von Friedrich Schiller gesungen wurde. Da die Hymne in ganz Europa „verstanden" werden sollte, wurde der deutsche Text weggelassen. Die „Sprache" der Europahymne ist einzig und allein die Musik, die in allen Ländern wortlos verstanden wird.

2 Höre einen Ausschnitt der ursprünglichen Fassung von **Ludwig van Beethoven**. Wie klingt die Musik? 2/7

?
Orchester
Chor
einstimmig
mehrstimmig
?

Die Europahymne (Hörbeispiel CD 2/6) kennenlernen und die eigenen Kenntnisse darüber erweitern; über das Mitdirigieren Taktarten kennen- und erspüren lernen; mithilfe der Hörbeispiele CD 2/6–7 die vokale Fassung der Hymne von der Instrumentalfassung abgrenzen und gleichzeitig charakteristische Elemente wiedererkennen

Das Gespenst auf Weltreise

Viele liebe Grüße aus Russland.
Gleich übe ich mit Freunden die „Troika".
Das ist ein russischer Volkstanz, bei dem eine Pferdekutsche dargestellt wird. Troika heißt auf russisch „drei". Deshalb tanzt man jeweils zu dritt. Schaut mal das Foto im Anhang. Toll, oder?

14:00 , 2 Mai

1 Hört von der CD eine russische Troika. 2/8
Tanzt dazu so, wie die Kinder es euch zeigen.

①

Stellt euch jeweils zu dritt in einem großen Kreis auf.

②

Lauft 16 Schritte im Kreis vorwärts!

③

Das äußere Kind läuft mit acht Schritten durch das Tor. Die Hände bleiben gefasst. Das mittlere Kind dreht sich mit.

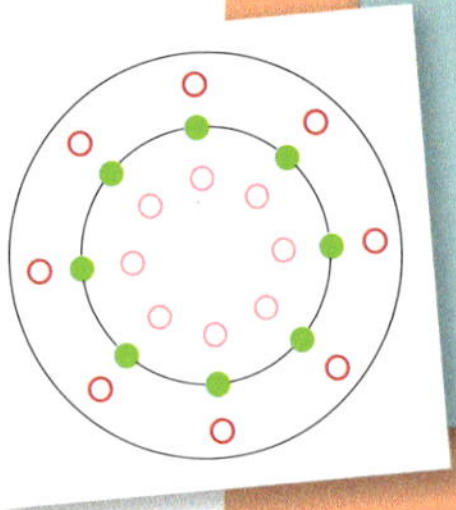

Mithilfe der Tanzbeschreibung die Tanzform der russischen Troika entschlüsseln; dazu Aufstellung, Schritte, Drehungen und Handfassungen beschreiben; die Troika jeweils zu dritt tanzen – zunächst ohne Musik, später zum Hörbeispiel CD 2/8 (Ursoaica: Troika)

4

Das innere Kind läuft mit acht Schritten durch das Tor.
Die Hände bleiben gefasst.
Das mittlere Kind dreht sich mit.

5

Fasst euch an den Händen.
Tanzt 12 Schritte im Kreis.
Stampft und schnalzt zum Schluss am Platz:

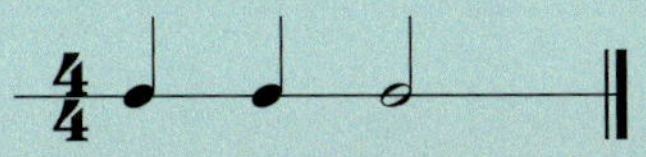

6

Tanzt 12 Schritte in die andere Richtung.
Stampft und schnalzt zum Schluss am Platz:

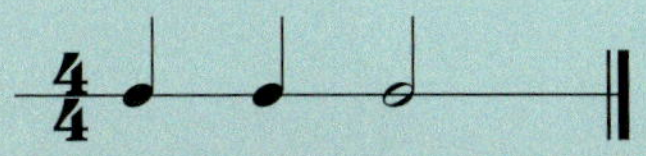

Der Tanz war toll, aber jetzt schnell weiter!
Möchte jetzt endlich DICH in Bayern besuchen!
Bin schon sehr gespannt, welche Musik ich bei dir hören kann!

18:00 , 2 Mai

1 Welche Musik würde das Gespenst bei dir hören? Schreibe deine Ideen auf.

2 Stellt eure Ergebnisse in der Klasse vor und sprecht darüber.

Dem Gespenst über das eigene Lieblingslied/die eigene Lieblingsmusik berichten; die Lieder/Musikstücke in der Klasse vorstellen; dabei Musik in ihrer Vielfalt bewusst wahrnehmen und über Bekanntes und Neues, Gewohntes und Ungewohntes sprechen und reflektieren

Fischerlied aus Taiwan

2/9

Text und Melodie: mündlich überliefert

1 Singt das Lied und zeigt den Verlauf der **Melodie** mit der Hand mit.

2 Arbeitet paarweise mit einem **Stabspiel**. Ein Kind spielt eine Tonfolge vor – das zweite Kind hört genau zu und singt die Töne möglichst exakt nach.

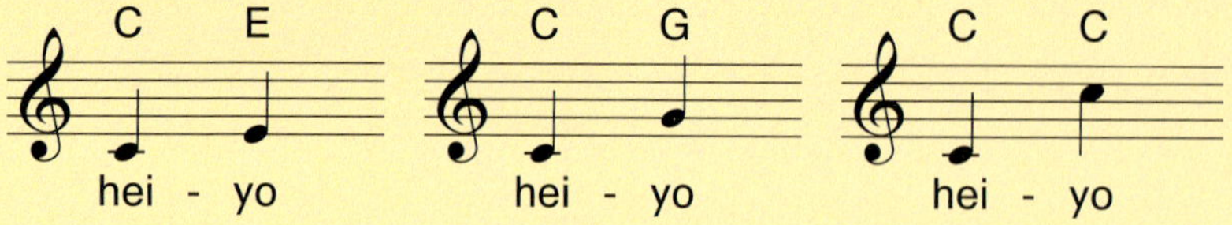

Das Fischerlied aus Taiwan singen; für eine saubere Intonation den Melodieverlauf des Liedes mit Handzeichen mitzeigen; zu zweit eine Intonationsübung mit einem Stabspiel durchführen; dabei auf bewusstes Hören und exaktes Nachsingen der Töne achten

Bambusstangentänze – eine asiatische Kunst!
Der Tanz zwischen den Bambusstäben ist in vielen Ländern Asiens sehr bekannt und beliebt. Das leichte, sehr harte Holz der Bambuspflanze eignet sich hervorragend zum rhythmischen Musizieren und Tanzen.
Meist übernimmt ein Tanzpaar die Handhabung der Bambusstäbe, die rhythmisch aneinandergeschlagen werden. Das andere Tanzpaar tanzt schnell und geschickt zwischen den Stäben. Für die Tänze tragen die Tänzerinnen und Tänzer meist eine traditionell einheimische Kleidung und tanzen barfuß.

1 Singt das Lied und begleitet es mit **Körperinstrumenten.**

Das Fischerlied aus Taiwan ist etwas einfacher als die traditionellen Tänze: Zwei Kinder stellen mit den Stäben die Fischer mit ihrem Netz dar. Ein drittes Kind spielt den Fisch, der durch das Netz springt.

2 Spielt die Begleitung zu zweit mit Gymnastikstäben.
Lasst ein Kind zwischen euren Stäben tanzen.

①

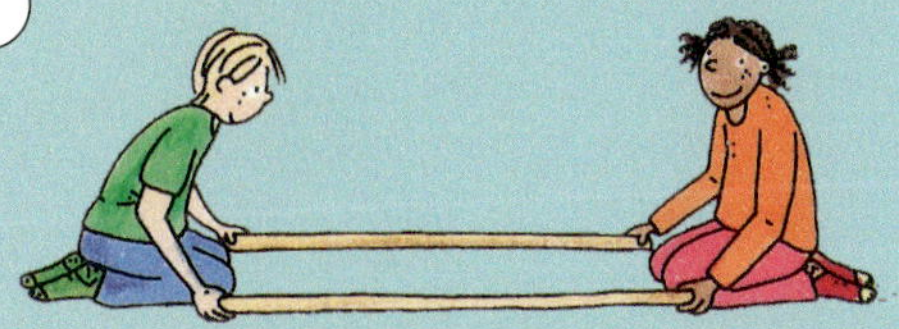

Schlagt, immer wenn gepatscht wird, die Stöcke leicht geöffnet auf den Boden.

②

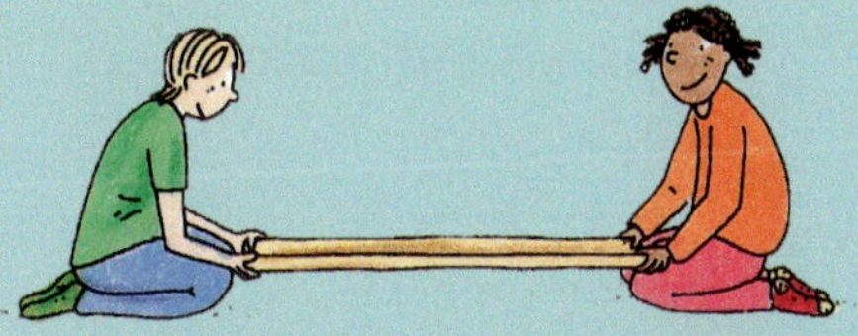

Schlagt, immer wenn geklatscht wird, die Stöcke knapp über dem Boden in der Luft zusammen.

③

Lasst ein Kind als Fisch zwischen den Stäben tanzen.

Zum Fischerlied eine rhythmische Begleitung mit Bodypercussion erarbeiten; anschließend jeweils zu dritt zum Lied tanzen; zwei Kinder übernehmen die Handhabung der Gymnastikstäbe, ein Kind bewegt sich hüpfend zwischen den Stäben

War die Nationalhymne tatsächlich ein Geburtstagslied?
Ja, zunächst war die Nationalhymne wirklich ein Geburtstagslied! **Joseph Haydn** komponierte sie vor über 200 Jahren für den österreichischen Kaiser Franz Joseph. Damals hieß der Text des Liedes „Gott erhalte Franz, den Kaiser“. Da das Lied auch außerhalb Österreichs sehr bekannt und beliebt wurde, schrieb der Dichter Heinrich Hoffmann von Fallersleben später einen neuen Text für das Lied. Er nannte sein Werk „Das Lied der Deutschen“. Von den ursprünglich drei Strophen des Liedes ist heute die dritte Strophe die Nationalhymne Deutschlands.

Das Lied der Deutschen

2 / 10

Text: Hoffmann von Fallersleben,
Melodie: Joseph Haydn

1 Höre die deutsche Nationalhymne von der CD. Welche Gedanken hast du beim Hören der Musik?

2 Kennt ihr Nationalhymnen anderer Länder? Besorgt euch CDs oder schaut im Internet nach.

3 Welche Hymne ist deine Lieblingshymne? Erzähle.

Was ist eine Nationalhymne?
Fast jeder Staat hat ein eigenes Lied oder Musikstück, mit dem es sich zu besonderen Anlässen präsentiert. Besonders häufig begegnet uns die Nationalhymne bei politischen Feierlichkeiten und bei internationalen Sportereignissen, sodass viele Erwachsene und Kinder die Nationalhymne zum Beispiel aus dem Fußballstadion oder von der Siegerehrung bei den Olympischen Spielen kennen.

Die deutsche Nationalhymne singen und eigene Kenntnisse über die Hymne erweitern; von eigenen Hörerfahrungen berichten und persönliche Gedanken und Gefühle beim Hören der Hymne verbalisieren; Zusatzangebot: Nationalhymnen anderer Länder mitbringen, hören und darüber sprechen

Geister-Fußball-Meisterschaft

2/11 – 12

Text und Melodie: Helmut Maschke

2. Das 1:0 ist ein geniales Kopfballtor,
der Treffer hat den sportlich-coolen Charme.
In dieser Art kommt sowas nur bei Geistern vor:
Der Schütze trägt den Kopf unter dem Arm.
Das ist die große Geister-Fußball-Meisterschaft …

3. Das 1:1 ist fußballtechnisch wie ein Schock:
Ein Flaschengeist schlüpft einfach in den Ball,
umkurvt zuerst im Affenzahn den Abwehrblock
und landet dann im Tor mit einem Knall.
Das ist die große Geister-Fußball-Meisterschaft …

4. Und als vom nahen Turm die Glocke ein Uhr schlägt,
da werden alle Geister bleich und matt.
Das Spiel ist aus, der Fußballplatz wie leer gefegt.
Die zweite Halbzeit findet morgen statt.
Das ist die große Geister-Fußball-Meisterschaft …

1 Baut ein Kazoo und singt, heult, krächzt und pfeift in euer Kazoo.

2 Feuert eure Mannschaft nach jeder Strophe mit dem Kazoo an!

Das Lied singen; ein Kazoo herstellen, bei dem eine Membran/ein Transparentpapier mit der Stimme in Schwingungen versetzt wird; mit den Spiel- und Klangmöglichkeiten des Kazoos experimentieren und die Klänge zu einem Zwischenspiel zusammenfügen; Zusatzangebot: ein Kazoo-Spielstück grafisch notieren und dieses mithilfe der Notation spielen

Tastenzauber

Sich mit dem Buch einen ruhigen Hörplatz im Raum suchen; das Klavierstück CD 2/13 (F. Liszt: Orage) hören und die Eindrücke beschreiben; ggf. von eigenen Konzerterfahrungen berichten; wenn möglich, für die Erarbeitung des Kapitels (Seite 44 – 49) eine Pianistin/einen Pianisten aus der Region einladen

Warst du schon einmal in einem Klavierkonzert oder spielst du vielleicht selbst Klavier?
Von der CD hörst du ein Klavierstück von **Franz Liszt**. 2/13
Franz Liszt war selbst nicht nur ein berühmter **Komponist**, sondern zu seiner Zeit auch ein sehr bekannter **Pianist**.

1 Welche Wörter beschreiben für dich das Musikstück besonders gut?

ruhig ? feurig wütend ? schnell
laut zart stürmisch leise langsam

2 Male zur Musik ein Bild.

3 Denke dir einen Titel für das Stück aus und schreibe eine Geschichte zu der Musik.

Der Sturm
Die fliegenden Tasten
Blitz und Donner
Der Gepard ...

4 Findet euch zu zweit zusammen. Stellt euch eure Ideen, Bilder und Geschichten gegenseitig vor und sprecht darüber.

Ich finde es gut ...
Ich frage mich ...
Hier fehlt mir ...

5 Tragt eure Ideen in der Klasse vor.

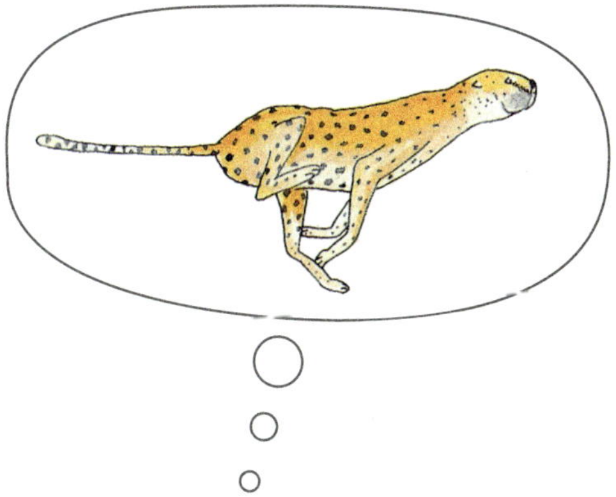

Nach erneutem Hören des programmatischen Klavierstücks (Hörbeispiel CD 2/13) die Höreindrücke spezifizieren; dazu Merkmale der Musik (z.B. Tempo, Lautstärke) beschreiben und die inhaltlichen Assoziationen zur Musik aufmalen und/oder aufschreiben

Tastenzauber

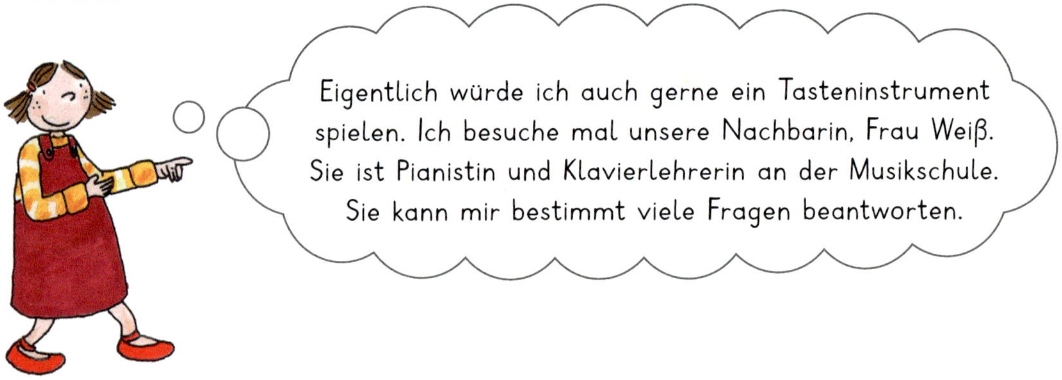

Hallo, Frau Weiß!
Toll, dass Sie heute Zeit für mich haben!
Das ist also Ihr Flügel. So viele Tasten!
Kommt man da nicht durcheinander?

Wenn man anfängt, Klavier zu spielen, muss man sich schon erst einmal orientieren. Aber mit der Zeit bekommt man die Anordnung der Tasten ins Gefühl.

Wann und warum haben Sie eigentlich mit dem Klavierspielen angefangen?

Daran kann ich mich noch genau erinnern. Als ich 7 Jahre alt war, habe ich einmal einen Jungen erlebt, der ganz toll Klavier spielen konnte, und da wusste ich sofort: Das möchte ich auch können!

Warum ausgerechnet Klavier?

Das Klavier ist für mich das vollkommene Instrument! Es hat viele Töne und Klangfarben und es ist sehr vielfältig einsetzbar: als Soloinstrument, als Begleitinstrument, es kann sogar ein ganzes Orchester ersetzen oder auch in einer Band mitspielen.

Das stimmt ...
Neulich habe ich ein Konzertplakat von Ihnen gesehen. Geben Sie viele Konzerte?

Früher waren es etwa 20 Konzerte im Jahr. Jetzt, da ich als Klavierlehrerin viel unterrichte und auch Zeit für meine Familie haben möchte, sind es etwa zehn Konzerte pro Jahr.

Müssen Sie noch viel üben?

Als ich noch studiert habe, waren es 6-8 Stunden am Tag. Heute habe ich zwei Vormittage, die Wochenenden und die Ferien zum Üben. Ich hätte aber gerne mehr Zeit dafür.

Ich wüsste nicht, ob ich so lange üben könnte. Können Sie mir sagen, was die Musik für Sie bedeutet?

Ja, das kann ich: Musik bereichert mein Leben! Ich empfinde beim Musizieren große Freude und kann damit die Herzen meiner Zuhörer erreichen und auch ihnen Freude bereiten. So erlebe ich Dinge, die ich ohne Musik nicht erleben würde.

Frau Weiß, vielen Dank für dieses Interview!

Das Interview mit verteilten Rollen lesen und über den Inhalt sprechen (Wie erlernt man ein Instrument? Welche Bedeutung hat Musik im Leben einer Musikerin/eines Musikers?); eigene Fragen aufschreiben und eine Pianistin/einen Pianisten aus der Region für ein Vorspiel und ein Interview in die Schule einladen

Wie geht das mit den Tasten?
Tasteninstrumente haben eine Tastatur, die man beim Klavier oder Flügel auch Klaviatur nennt. Wenn eine Taste gedrückt wird, so wird im Inneren des Klaviers oder des Flügels eine komplizierte Mechanik in Bewegung gesetzt: Über mehrere Hebel wird ein Hämmerchen gegen eine Saite geschlagen. In diesem Moment erklingt der Ton. Das alles muss natürlich sehr schnell und sehr präzise geschehen, damit der Ton unmittelbar nach dem Spielen der Taste erklingen kann und keine Pause entsteht.

1 Bildet Kleingruppen.

2 Wählt ein Tasteninstrument aus.

Cembalo

Keyboard

Orgel

?

3 Sucht Informationen, Texte und Bilder zu eurem Instrument.

4 Gestaltet ein Plakat zu eurem Instrument.

5 Stellt eure Ergebnisse in der Klasse vor und sprecht darüber.

Die Familie der Tasteninstrumente vielfältig und selbstständig erkunden; dazu in Kleingruppen ein Tasteninstrument auswählen und umfangreiche Informationen über das Instrument (Bilder, Texte, ggf. Hörbeispiele usw.) sammeln; die Ergebnisse in der Klasse präsentieren und darüber sprechen

Tastenzauber

Manchmal wird eine **Pianistin** oder ein Pianist von einem **Orchester** begleitet. Mit einem Taktstock oder mit den Händen leitet die **Dirigentin** oder der Dirigent das Orchester. Sie oder er sorgt dafür, dass alle im Orchester gut zusammen spielen und die Stücke musikalisch spannend gestalten.

1 Probiere zwei unterschiedliche Dirigierbewegungen aus.

So dirigierst du den Zweivierteltakt.

So dirigierst du den Dreivierteltakt.

2 Höre dir von der CD die Anfänge der beiden **Konzerte** an. 2/14 – 15
Welche Dirigierbewegung passt zu welchem Stück?

3 Dirigiere die Hörstücke mit der jeweils passenden Bewegung.

4 Begleite die Hörstücke mit **Körperinstrumenten**. Achte dabei auf die betonten und unbetonten Zählzeiten in den **Taktarten**.

So begleitest du das Klavierkonzert von **Johannes Brahms**: 2/15

So begleitest du das Klavierkonzert von **Joseph Haydn**: 2/14

Die Hörbeispiele CD 2/14 – 15 (Ausschnitte aus: J. Haydn, Divertimento C-Dur, J. Brahms: Klavierkonzert Nr. 2) hören; über das Mitdirigieren die Taktarten (2/4-Takt, 3/4-Takt) unterscheiden; anschließend die Hörstücke mit Bodypercussion begleiten; dabei die erste, betonte Zählzeit patschen, die weiteren, unbetonten Zählzeiten schnipsen

Einige **Komponisten** haben Tänze komponiert, die auf dem Klavier oder dem Cembalo gespielt werden können. Von der CD hörst du ein sehr bekanntes Menuett. Es ist fast 300 Jahre alt und man vermutete lange, dass die Musik von **Johann Sebastian Bach** stammt. Erst später fand man heraus, dass der eigentliche Komponist des Menuetts Christian Petzold ist. 2/16

Was ist ein Menuett?
Das Menuett war ursprünglich ein französischer Volkstanz. Vor etwa 350 Jahren wurde das Menuett am Hof des französischen Königs eingeführt und war viele, viele Jahre eine beliebte höfische Tanzform, die sehr elegant getanzt wurde.
„Menu pas" heißt auf Deutsch übrigens „kleiner Schritt".

Stellt euch vor, ihr lebt in der damaligen Zeit. Für den König am Hof sollt ihr eine höfische, elegante Tanzaufführung gestalten.

1 Bildet Paare.

2 Denkt euch zur Musik eine eigene Tanzfolge aus. Nutzt die Vorschläge der Tanzkarten oder erfindet eigene Schrittfolgen und Verbeugungen.

3 Übt eure Tanzfolge zur Musik.

4 Führt euren Tanz in der Klasse vor und sprecht über die verschiedenen Ergebnisse.

Das Hörbeispiel CD 2/16 (C. Petzold: Menuett) hören und in biografische und zeitliche Bezüge einordnen; mithilfe der Tanzkarten eine Bewegungschoreografie für das Menuett entwickeln; die individuelle Tanzfolge vorführen und darüber sprechen

Das Lied von den Stars

2/17 – 18

Text und Melodie: Fredi Jirovec

2. Manchmal wünsch ich mir ein großer Star im Sport zu sein!
Alle freuen meine Siege, alle halten nur zu mir,
alle trösten mich, wenn ich dann einmal doch verlier.
Manchmal wünsch ich mir ein großer Star im Sport zu sein:
Das wär fein!

3. Manchmal wünsch ich mir ein großer Star beim Film zu sein!
Alle kennen meinen Namen, alle kennen mein Gesicht,
auf der Straße sammeln Kinder meine Unterschrift.
Manchmal wünsch ich mir ein großer Star beim Film zu sein:
Das wär fein!

4. Manchmal frag ich mich, ob große Stars so glücklich sind.
Oder wär es ihnen lieber, alle ließen sie in Ruh
und sie können einfach leben so wie ich und du?
Manchmal frag ich mich, ob große Stars so glücklich sind –
wie ein Kind!

1 Welche Stars kennst und magst du? Erzähle.

2 Wärst du manchmal auch gerne ein Star?

Die Bilder der Seite sowie den Liedtext als Gesprächsanlass nutzen;
eigene Lieblingsstars vorstellen; positive und negative Seiten eines Star-Lebens reflektieren

1 Besorgt euch **Boomwhackers** mit den Tönen D, E, G, A und H. Probiert zunächst verschiedene Spielweisen aus.

Boomwhacker in die Hand schlagen

Boomwhacker auf den Oberschenkel schlagen

Boomwhacker mit Schlägeln spielen

auf einem Boomwhacker blasen

?

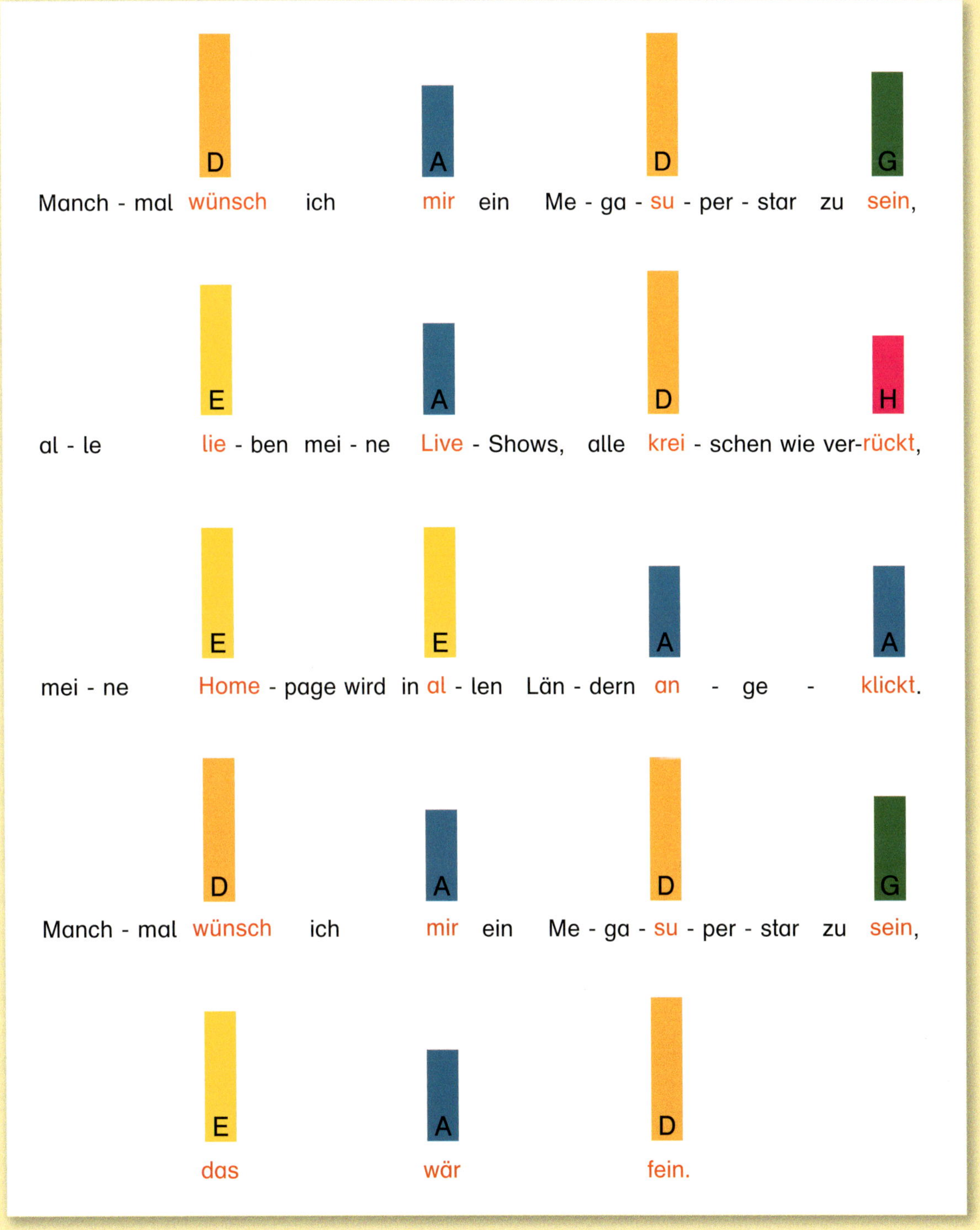

2 Spielt mit den passenden Boomwhackers zum Lied.

Boomwhackers kennenlernen und instrumentenspezifische Spieltechniken ausprobieren; das Lied mit den Tönen D, E, G, A und H begleiten

Matchbox-Song

2/19 – 20

Text und Melodie: Soili Perklö,
Spielform und dt. Text: Christiane Wieblitz

2. Die „matchbox" spielen, das macht Spaß,
es macht nur plim-plam-plum.
Ich spiele dies und spiele das
und immer plim-plam-plum.
Plim-plam-plum ...

1 Besorgt für jedes Kind zwei leere Streichholzschachteln und füllt diese mit Reis, Erbsen oder anderem Schüttel-Material. Erfindet kleine Schüttel-**Rhythmen**. Ein Kind spielt vor, alle anderen Kinder spielen nach.

2 Spielst du Klavier oder Keyboard? Dann kannst du eine Begleitstimme spielen.

3 Singt die Begleitstimme gemeinsam.

4 Singt das Lied und die Begleitstimme in zwei Gruppen: Die erste Gruppe singt den Matchbox-Song, die zweite Gruppe singt die Begleitmelodie.

Das Lied singen und die Wortbedeutung der „matchbox" klären; mit gefüllten Streichholzschachteln kleine Schüttelrhythmen vor- bzw. nachspielen; Zusatzangebot: eine zweite Sing- oder Klavier-/Keyboardstimme zum Lied erlernen

1 Kniet euch mit euren Streichholzschachteln in einen Kreis am Boden.
Reicht eure Schachteln von Kind zu Kind weiter.

① Lege beide Schachteln vor dem rechten Nachbarskind auf den Boden.

② Nimm die neuen Schachteln, die jetzt vor dir liegen, in die Hände.

① Lege beide Schachteln vor dem rechten Nachbarskind auf den Boden.

...

2 Singt den Matchbox-Song und reicht eure Schachteln rhythmisch weiter.

Ich hab ein klei-nes Ins-tru-ment ...

3 Stoppt die Weitergabe der Schachteln am Ende der Strophe und spielt mit den Schachteln so, wie das Kind es zeigt.

Als die Raben noch bunt waren

Es gab einmal eine Zeit, da waren die Raben bunt. Geradezu kunterbunt.
Manche Raben waren rosa mit violetten Schwanzfedern.
Andere gelb mit faustgroßen grünen Tupfen.
Wieder andere hellblau mit zarten orangeroten Streifen.
„Wir stammen in direkter Linie vom Regenbogen ab“,
sagten die ältesten Raben stolz. Und niemand zweifelte daran.

Tipp 1: Der Text

Lest den Text gemeinsam.
Wählt ein Kind aus, das den Text bei der Aufführung als Erzählerin oder als Erzähler vorliest.

Tipp 2: Lebendes Szenenbild

Besorgt euch schwarze Rabenkostüme.
Damit die Raben farbig erscheinen, benötigt jeder Rabe ein Chiffontuch in der Farbe grün, blau, gelb, rot, orange oder violett.
Stellt euch in der Reihenfolge des Regenbogens im Halbkreis auf und „versteinert“ an eurem Platz.

1 Singt, spielt und tanzt die Geschichte von den Raben.
Nutzt dazu die Tipps für die einzelnen Szenen auf den Seiten 54–59.

Den Inhalt des Bilderbuches „Als die Raben noch bunt waren“ von Edith Schreiber-Wicke und Carola Holland als umfangreiche musikalische Spielszene gestalten; dazu die Textausschnitte lesen und den Inhalt besprechen; die Tipps der Aktionskarten für die Gestaltung nutzen; eigene Ideen mit einfließen lassen

Frag doch mal den Regenbogen

2/21 – 22

Text und Melodie:
Johnny Lamprecht

Frag doch mal den Regenbogen ...

3. Die gelbe Farbe sagt:
   Das kann doch gar nicht sein.
   Was macht ihr denn ohne
   Licht und Sonnenschein.
4. Die rote Farbe ruft:
   Ihr tickt doch gar nicht richtig!
   Ohne Liebe, da läuft nichts,
   deshalb bin ich wichtig.

Der Regenbogen sagt ...

Frag doch mal den Regenbogen ...

5. Die orange Farbe sagt:
   Ich komm da nicht mehr mit.
   Nur mit meinen Vitaminen
   bleiben Menschen fit.
6. Die Farbe Purpur lacht:
   Jetzt gebt mal alle acht.
   Könige, die lieben mich,
   denn ich bedeute Macht.

Der Regenbogen sagt ...

Tipp 3: Das Szenenbild wird lebendig

Steht in eurer Aufstellung als Regenbogen und singt das Lied. Gestaltet die drei Teile des Liedes unterschiedlich.

Refrain: Löst eure „Versteinerung" und schwingt die Tücher in großen Bögen am Platz.

Strophe: „Versteinert" am Platz. Nur die Kinder, deren Farbe genannt ist, zeigen deutlich ihr Tuch.

Zwischenrefrain: Löst erneut die „Versteinerung" und bewegt die Tücher in kleinen Wellen vor dem Körper.

1. Szene („Regenbogen-Szene"): eine Erzählerin oder einen Erzähler für den Vortrag der Texte auswählen; das Szenenbild mit den regenbogenfarbenen Raben vorbereiten und dieses zum Lied lebendig werden lassen

Als die Raben noch bunt waren

(...) Angeblich war es ein Schneemann,
der jene unselige Frage stellte.
Vielleicht war er zornig, weil die Raben
immer von seiner Nase naschten.
Vielleicht war er neidisch auf ihre
Buntheit. Möglicherweise hatte er
einfach schlecht geträumt. Vom Frühling.
Oder noch schlimmer – von einem
sonnigen Sommertag. Jedenfalls – er fragte.
„Ich persönlich ziehe ja weiß vor“,
begann er. „Trotzdem würde mich
eines interessieren: Welche Farbe
ist für euereins eigentlich richtig?
Ich meine, wie muss ein wirklicher,
echter Rabe aussehen?“ (...)

Tipp 1: Der Streit – das Rollenbuch

Schreibt ein Rollenbuch für die streitenden Raben.
Überlegt genau, wer was sagt!

Blau Getupfter:	Tzzzz! Das siehst du doch. Elegantes Weizengelb mit Tupfen in den Farben des Abendhimmels.
Rosa-grün Gestreifter: ...	

Tipp 2: Der Streit – der Dialog

Sprecht eure Texte ausdrucksvoll wie ein Schauspieler. Unterstützt euer Streitgespräch mit dem passenden Gesichtsausdruck und einer intensiven Körpersprache.

Denkt euch zu euren Kostümen auch eigene Texte aus!

„Tzzzz!“, machte der blau Getupfte.
„Das siehst du doch. Elegantes Weizengelb
mit Tupfen in den Farben des Abendhimmels.“
„Ich lach mich kringelig“,
krächzte ein rosa-grün Gestreifter.
„Ein Rabe hat natürlich Streifen zu haben.
Am besten kräftiges Nelkenrosa
auf Birkenblattgrün.“
„Unsinn!“, rief ein Violetter empört dazwischen.
„Der Urrabe war fliederfarben.
Das weiß doch jeder Piepsling.“
„Mir scheint, violett macht blöd“,
krächzte ein Goldgelber mit moosgrünem Bauch.
„Schaut einfach mich an, dann wisst ihr,
wie ein echter, wirklicher, richtiger Rabe
ausschaut.“ (...)

2. Szene („Streit-Szene“): für den Streit der farbigen Raben ein Rollenbuch verfassen; das Streitgespräch ausdrucksvoll sprechen und es mimisch und gestisch bühnenwirksam darstellen

(...) Es kam noch schlimmer.
„Nieder mit Flieder“, brüllte eines Morgens ein türkisfarbener Rabenschwarm.
Die bläulich Grünen stürzten sich auf ihre violetten, lila und fliederfarbenen Artgenossen. Sie hackten erbittert mit den Schnäbeln aufeinander los.
Ein Menge bunter Federn blieb auf dem Kampfplatz zurück. (...)
Überall sah man streitende, raufende, kämpfende Rabenschwärme. (...)

Tipp 3: Der Streit-Sprechvers

Steigert das wütende Aufeinandertreffen der Raben mit einem Sprechvers.
Teilt euch in fünf Rabengruppen.
Sprecht die fünf Stimmen des Verses zunächst einzeln, später gemeinsam.

Tipp 4: Der Streit-Tanz

Überlegt euch, wie ihr das wütende Aufeinandertreffen der Raben tänzerisch darstellen könnt, ohne euch dabei zu berühren!
Übt den Sprechvers mit eurer szenischen Darstellung.

Nieder mit Flieder

2/23

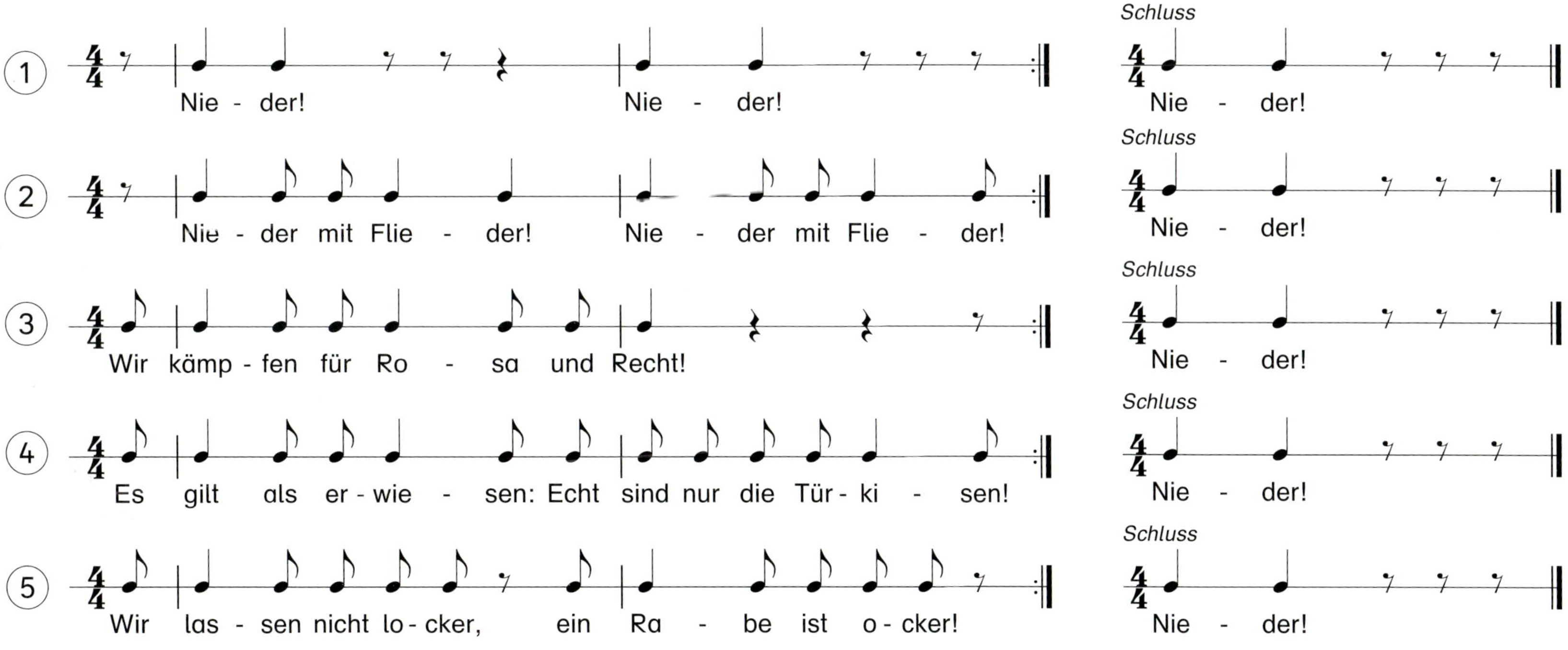

Für den Streit der Raben den Sprechvers erarbeiten; die fünf Zeilen des Verses einzeln üben, später mehrstimmig sprechen; den Streit als Tanzform gestalten; dazu individuelle, ausdrucksvolle Bewegungsabläufe finden und verschiedene Raumebenen und kombinierte Raumwege nutzen

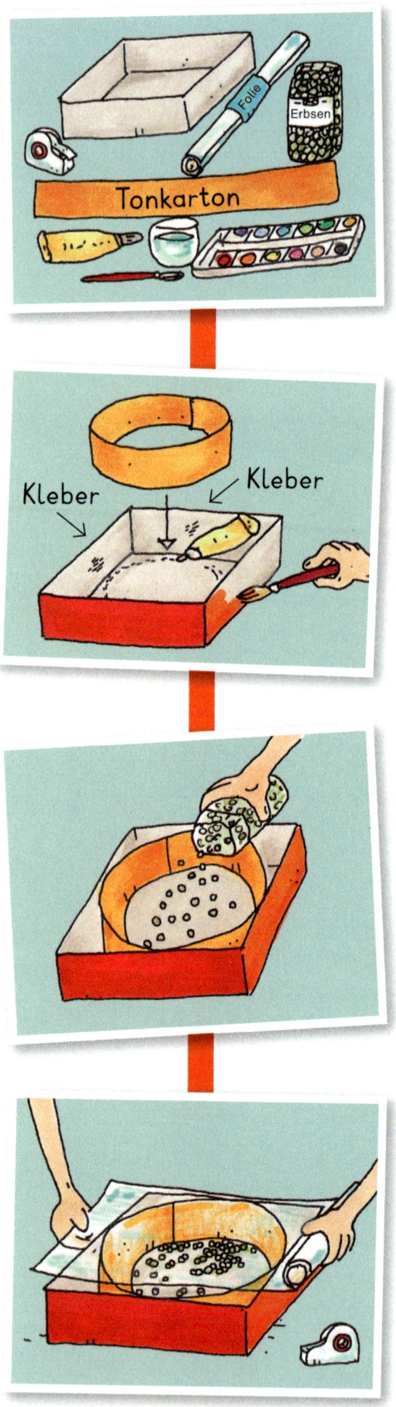

(...) Dann kam der Regen. Es war kein gewöhnlicher Regen.
Es tropfte, trommelte, strömte schwarz vom Himmel. (...)

Tipp 1: Der schwarze Regen – Bau einer Regentrommel

Baut euch mithilfe der Bilder eine Regentrommel.
Erprobt auf eurer Trommel verschiedene Klänge und Spielweisen.

Tipp 2: Der schwarze Regen – das Klangspiel

Erfindet mit euren Regentrommeln eine trommelnde, tropfende, strömende Musik für den Regen. Wie verläuft eure Regenmusik?
Denkt an einen passenden Anfang und Schluss.

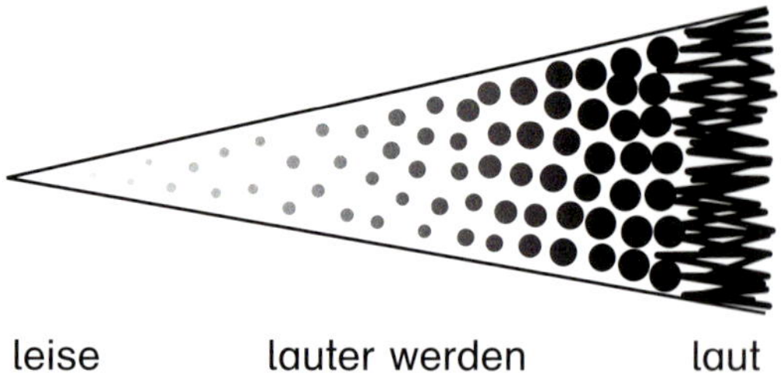

Tipp 3: Der schwarze Regen – der Kostümwechsel

Überlegt euch, wie sich die bunten Raben möglichst rasch und unauffällig in schwarze Raben verwandeln können.
Überlegt, wie ihr das Klangspiel und den Wechsel der Kostüme sinnvoll miteinander verbinden könnt.

3. Szene („Regen-Szene"): mithilfe der Bastelanleitung eine Regentrommel bauen und die Klangmöglichkeiten erkunden; den Verlauf der Regenmusik mithilfe der grafischen Notation besprechen und ausführen, ggf. weitere Instrumente hinzunehmen; den Wandel der farbigen Raben in schwarze Raben erproben

(...) So plötzlich, wie der Regen begonnen hatte, hörte er auch wieder auf.
Besorgt betrachtete jedes Tier sein Spiegelbild.
Das Schweinchen war schweinchenrosa geblieben, das Reh rehbraun,
das Rotkehlchen rotkehlig, der Feldhase feldgrau,
der Laubfrosch zartgrün wie Frühlingslaub.
Aber die Raben!
Es war als hätte der schwarze Regen nur die streitenden Raben
treffen wollen. Da saßen sie jetzt, ebenso verdutzt wie schwarz.
Es gab keine rosa, lila, grünen, gelben Raben mehr.
Keine getupften und keine gestreiften.
Sie waren so gleich, dass sie Mühe hatten, sich selbst von den anderen
zu unterscheiden. Und natürlich wusste keiner mehr,
gegen wen er eigentlich kämpfen wollte.
Sie waren rabenschwarz, und sie blieben rabenschwarz. (...)

(Edith Schreiber-Wicke)

Tipp 1: Der Tanz der Raben – die Vorbereitung

Bevor der Tanz beginnt, stehen alle Raben
„versteinert" auf der Bühne.
Überlegt, in welcher Haltung die Raben
nach dem schwarzen Regen erstarrt sind.
Wählt ein Kind aus, das den Tanz beginnt.
Nach und nach werden bei dem Tanz
alle versteinerten Raben zu fröhlich tanzenden Raben.

Tipp 2: Der Tanz der Raben

Hört den Tanz der Raben
von der CD und gestaltet
die zwei Teile unterschiedlich.

2/24

A-Teil:
Ein Kind umtanzt die versteinerten Raben.

B-Teil:
Mit Beginn des B-Teils erlöst das ausgewählte Kind
einen weiteren Raben durch eine Berührung
und tanzt mit ihm gemeinsam.
Am Ende des B-Teils trennt sich das Tanzpaar,
um dann erneut einen Raben aus der Versteinerung
zu erlösen.

4. Szene („Schluss-Szene"): die schwarzen, durch den Regen versteinerten Raben nach dem Schneeballsystem wieder zum Leben erwecken; dazu zum Hörbeispiel CD 2/24 (M. und W. Jehn: Mazzamarelle) eine Tanzchoreografie erarbeiten; alle Szenen (1.-4.) ggf. aufnehmen/filmen und reflektieren

Als die Raben noch bunt waren

Eibels Lied

2/25 – 26

Text: Unmada Manfred Kindel,
Melodie: mündlich überliefert

2. Sie ist das Lachen, wenn ein Kind sich freut.
Sie ist das Schweigen in den alten Bäumen.
Sie ist die Melodie vom Wind, der heult.
Sie ist überall.

Refrain

3. Sie ist die Stille in der tiefsten Nacht.
Sie ist der Jubel der erwachenden Vögel.
Sie ist die Pause und der Klang danach.
Sie ist überall.
Und ist Musik in unsren Herzen ...

1 Begleitet den Refrain mit Instrumenten. Die Texte helfen euch, im **Rhythmus** zu bleiben.

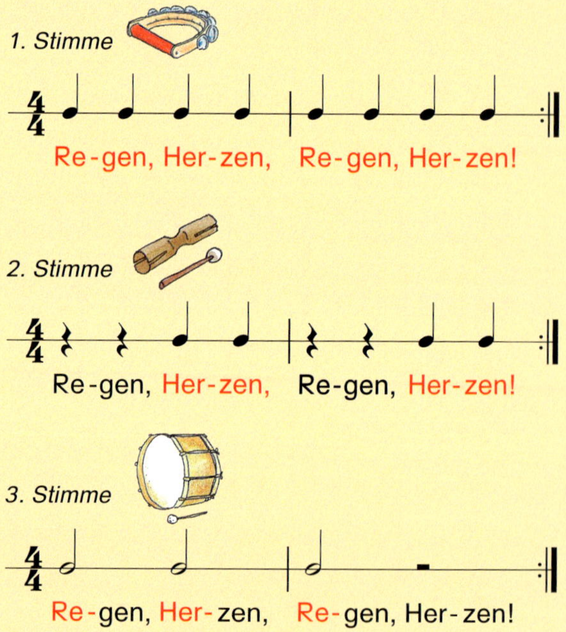

Das Lied singen und den Inhalt reflektieren; die drei Begleitstimmen für den Refrain einzeln üben, dabei die Noten- und die Pausenwerte besprechen; dazu gegebenenfalls die Informationen der Seite 89 bzw. des Lexikons nutzen; anschließend die drei Begleitstimmen gleichzeitig musizieren

Es regnet

2/27 – 28

Text und Melodie: mündlich überliefert

1 Tanzt den A-Teil des Liedes im Kreis.

2 Begleitet den B-Teil des Liedes mit **Körperinstrumenten**.

Der kleine Drache Kokosnuss liebt große Abenteuer. Gemeinsam mit den anderen Drachenkindern möchte er auf dem Schulfest zum Feuerfelsen fliegen. Doch Kokosnuss fürchtet sich vor dem Klippensprung und dem Flug. Zum Glück taucht Dieter, die Düse auf – ein wahrer Flug-Experte …

Alles übers Fliegen

2/29

Text: Marcell Gödde,
Musik: Andreas Muhlack

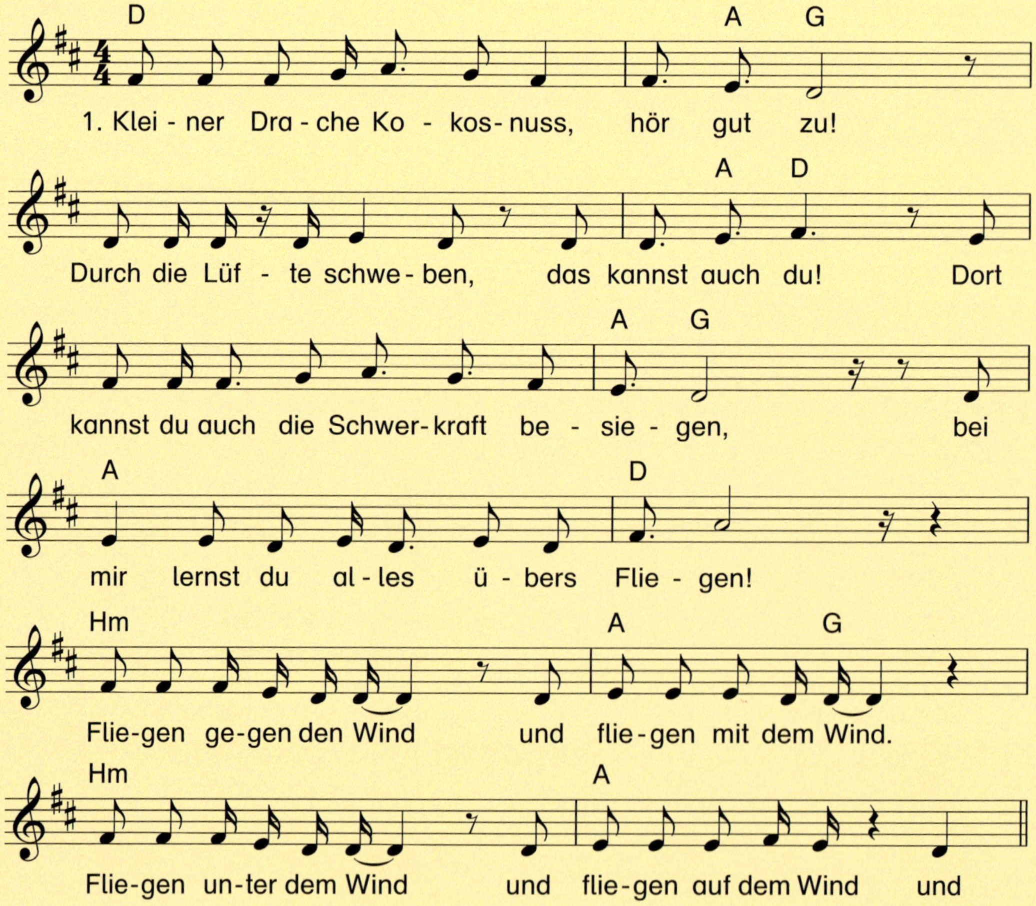

Anhand des Textes und Bildes über die Situation von Drache Kokosnuss sprechen; das Hörbeispiel CD 2/29 bewusst hören und besprechen; ggf. die Formulierung „du schaffst es dir drauf“ = „du kannst es dir aneignen/beibringen“ erläutern; Zusatzangebot: (Mit-)Singen des Liedes; dabei die freie Gestaltung der zweiten Strophe beachten/besprechen

2. Strophe *(frei gestaltet)*:
Kokosnuss flieg weiter, flieg immerzu!
Flieg immer höher, mit Juchee und Juchuu!
Weich im Flug aus oder fang etwas auf,
egal, was es ist, du schaffst es dir drauf!
Fliegen durchs Luftloch, fliegen bei Regen,
fliegen im Dunkeln, bei Sturm, Hagel und sogar im Nebel.
Fliegen bei Seitenwind …

1 Hört von der CD, was Dieter dem kleinen Drachen alles beibringen will.
2/29

2 Bastle dir aus einer Flasche und einem Rohr eine Wasserflöte. Probiere verschiedene Klänge aus.

hoch · tief · leise · laut · schnell · langsam

3 Bildet Kleingruppen. Erfindet für die verschiedenen Flugarten ganz unterschiedliche Klänge.

Fliegen gegen den Wind · schneller Start · Sturzflug · Fliegen bei Sturm

4 Spielt eure Klänge als Vorspiel zum Lied.

Mithilfe einer Flasche und eines Leer-Rohrs (ø ca. 15mm) eine Wasserflöte bauen; mit den Klängen der Flöte experimentieren und für die verschiedenen Flugarten des Drachen eigene Klangspiele erfinden; Zusatzangebot: ein Wasserflötenstück grafisch notieren und dieses mithilfe der Notation spielen

Herbstfeste

In der Herbstzeit gibt es viele verschiedene Feste, Feiern und Bräuche.
Fast alle herbstlichen Feste werden mit Musik begleitet.

1 Schaut euch die Fotos genau an.
Welche herbstlichen Feste und Feiern erkennt ihr?

2 Erzählt, welche Herbstfeste ihr feiert. Bringt Musikstücke mit, die ihr zu diesen Anlässen kennt und mögt.

Anhand der Fotos über herbstliche Feste und Feiern sprechen; dabei regionale Besonderheiten berücksichtigen; für die Herbst-Anlässe Musikstücke auswählen, hören und begründet zuordnen: Welches Musikbeispiel passt zu welchem Anlass? Welche Funktion hat die Musik bei den einzelnen Festen?

Spring wie 'n Känguru

3/1

Text und Musik:
Andreas Donauer (Donikkl)

1. Strophe:
Auf die Plätze, fertig, los, gib Gas.
Das ist unser Lauf, das wird ein Spaß.
Komm, wir boxen einfach all den Stress weg.
Wir fahr'n lieber Schuss als langsam Pflug.
Denn gebremst wurden wir schon lang genug.
Jetzt geht es einfach nur noch vorwärts.

Refrain:
Bist du gut drauf, dann spring wie 'n Känguru
und sing mit uns laut na nana na nana.
Nichts hält uns auf, wir tanzen immerzu,
komm sing mit uns laut na nana na nana.

2. Strophe:
Komm, wir klettern auf den höchsten Baum,
das klappt nur, weil wir uns endlich trau'n.
Geh'n mit einem Adler auf die Reise.
Im Meer, da schwimmen wir mit 'nem Delfin.
Die Wellen tragen uns dorthin,
wo die Sonne jeden Tag für uns scheint.

Refrain:
Bist du gut drauf, dann spring wie 'n Känguru ...

3. Strophe:
Wir sind Superhelden, gut und stark.
Wer uns das nicht glaubt, der redet Quark.
Aus der Bahn, wir retten den Planeten.
Willst du das auch, dann sei doch mit dabei.
In unserm Team ist ein Platz für dich frei.
Wir düsen los, noch schneller als Raketen.

Refrain:
Bist du gut drauf, dann spring wie 'n Känguru ...

1 Hört den Gute-Laune-Hit von der CD. 3/1

2 Erfindet für den Refrain gemeinsame Bewegungen.

3 Bildet Kleingruppen.
Wählt eine Strophe aus und erfindet zum Text passende Tanzbewegungen.

?

Wie heißt die berühmteste Wiese der Welt?
Das weltweit bekannte Oktoberfest hat bereits eine sehr lange Geschichte. Es begann damit, dass im Oktober 1810 in München eine wichtige Hochzeit stattfand: Ludwig von Bayern heiratete Prinzessin Therese von Sachsen-Hildburghausen. Aus diesem Anlass wurde damals auf einer Wiese ein großes Pferderennen veranstaltet. Die Wiese, auf der gefeiert wurde, heißt seitdem nach der Braut „Theresienwiese". Daher stammt auch die gebräuchliche mundartliche Bezeichnung „Wiesn".

Das Hörbeispiel CD 3/1 (A. Donauer: Spring wie 'n Känguru) hören: Welche Stimmung und Funktion hat Musik auf dem Oktoberfest?; das Lied singen; für den Refrain zum Text passende Bewegungen finden; für die Strophen in Kleingruppen Bewegungschoreografien entwickeln und diese vorstellen

1 Singt das Lied zunächst einstimmig.

2 Bildet zwei Gruppen:
Eine Gruppe singt den A-Teil des Liedes, während die andere Gruppe zeitgleich den B-Teil singt. So erklingt euer Lied mehrstimmig.

3 Überlegt, wofür ihr besonders dankbar seid. Dichtet aus euren Ideen weitere Liedstrophen.

Wir sagen Danke

3/2–3

Text: Rolf Krenzer,
Melodie: Karen Lafferty

2. Für diesen Morgen und für die gute Nacht.
Ja, dafür sagen wir Danke!
Vater, wir danken für alles, was du gibst!
Halleluja, halleluja!

3. Für unser Essen,
dass keiner hungrig ist ...

4. Für Wind und Regen
und für den Sonnenschein ...

5. Für unsre Arbeit
und was wir heut geschafft ...

6. Für unser Spielen
und unsre Fröhlichkeit ...

7. Für diesen Abend
und für die gute Nacht ...

8. Wir sagen Danke für alles,
was du gibst ...

Über das Erntedankfest sprechen und ggf. von eigenen Erfahrungen berichten; das Lied einstimmig und mehrstimmig singen; eigene Strophen dichten; dabei Danksagungen für materielle und nicht-materielle Dinge/Ereignisse unterscheiden

1 Singt das Lied im Kreis. Tanzt zu den beiden Liedteilen so, wie die Kinder es euch zeigen.

A-Teil:
Geht zur Musik im Kreis.
Beginnt mit dem rechten Fuß.

B-Teil:
Bleibt im B-Teil am Platz stehen und lasst eure Arme im Zeitlupentempo fließen.

2 Singt und tanzt das Lied in zwei Kreisen.

Bildet einen Innen- und einen Außenkreis.
Stellt euch so auf, wie das Bild es euch zeigt.

Die Kinder im Außenkreis beginnen.
Sie singen und tanzen das Lied.

Die Kinder im Innenkreis setzen erst dann mit dem Gesang und der Bewegung ein, wenn die Kinder im Außenkreis den B-Teil des Liedes erreicht haben.

So erklingt euer Lied im **Kanon**.

Das Lied im Kreis singen und tanzen; zu den beiden Liedteilen unterschiedliche Bewegungen erlernen; durch das Tanzen in konzentrischen Kreisen, die sich den Einsätzen entsprechend bewegen, das Prinzip des Kanonsingens anwenden, üben und vertiefen

1 Hört die Krebspolka von der CD. 3/4

2 Tanzt zu den beiden Liedteilen so, wie die Kinder es euch zeigen.

Wer tanzt am Kirchweihfest seitwärts?
Das Kirchweihfest, auch „Kirta“ oder „Kerwa“ genannt, wurde früher wie ein kleiner Jahrmarkt gefeiert.
Nach dem Kirchgang gab es gutes Essen und Süßigkeiten für die Kinder. An vielen Orten findet auch heute noch ein Tanzfest statt, der „Kirchweihtanz“. Dort wird gerne die „Krebspolka“ getanzt. Für den lustigen Namen der „Krebspolka“ gibt es eine gute Erklärung: Wenn Krebse flüchten, bewegen sie sich nicht vorwärts, sondern seitwärts. So erinnern die flotten Galoppsprünge im A-Teil an den Krebsgang.

A-Teil:
Tanzt zu zweit mit Seitgalopp-Schritten: erst in Tanzrichtung, dann gegen die Tanzrichtung.

B-Teil:
Dreht euch zu zweit am Platz.

Das Kirchweihfest als regionales Herbstfest thematisieren; die „Krebspolka“ als bayerischen Volkstanz kennenlernen und mit einem Partnerkind tanzen; im A-Teil mit Seitgalopp-Schritten tanzen (1./2. Takt langsam, dann flott), im B-Teil mit dem Partnerkind in beliebiger Paartanzfassung drehen

It's near Halloween

3/5

Text: mündlich überliefert,
Rhythmus: Dorothea Zigldrum

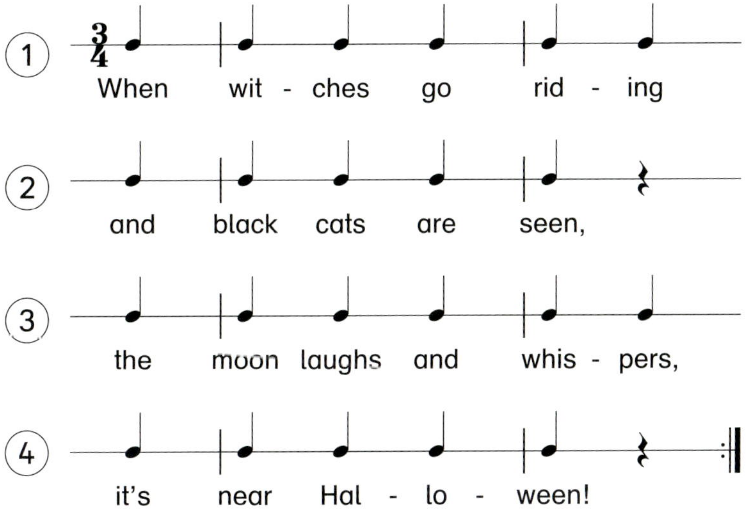

1 Sprecht den Vers und begleitet ihn durchgehend:

2 Bildet vier Gruppen: Jede Gruppe spricht eine Zeile. Sprecht die Zeilen zunächst nacheinander, dann auch gleichzeitig.

3 Bildet Kleingruppen. Erfindet ein Vor- und Zwischenspiel zum Vers. Macht dazu mit Instrumenten und mit euren Stimmen gruselige Klänge.

4 Nehmt euer Klangspiel auf und sprecht über die unterschiedlichen Ergebnisse.

Über Halloween sprechen (Woher kommt der Brauch? Feiert ihr Halloween?); das Sprechstück in verschiedenen Stimmungen einstimmig und mehrstimmig sprechen sowie mit Bodypercussion begleiten; Zusatzangebot: mit Instrumenten und Stimmen ein gruseliges Zwischenspiel improvisieren; dieses aufnehmen, anhören und besprechen

Kommt der Herbst mit bunter Pracht

3/6 – 7

Text und Melodie: Tobias von Stuckrad

2. Äpfel an den Bäumen reifen,
lasst uns durch die Wälder streifen
und in Sträuchern, unter Buchen
nach den Früchten suchen.
Lala ...

3. Sieh, da braut sich was zusammen,
letzte Sonnenstrahlen flammen,
Regenwolken, dunkel, schwer,
kommen rasch von Westen her!
Lala ...

4. Kinder laufen ohne Pause
auf dem schnellsten Weg nach Hause
und der Herbst mit aller Macht
bläst sich auf und lacht.
Lala ...

1 Spielst du Blockflöte?
Dann kannst du immer nach dem Refrain ein kleines Zwischenspiel spielen.

2 Gestaltet den Refrain des **Liedes** mit Bewegung und **Körperinstrumenten**.

Geht zum ersten Durchgang des Refrains schwungvoll im Kreis.

Erfindet in der **Wiederholung** des Refrains jeweils zu zweit eine Begleitung mit Körperinstrumenten.

Das Lied singen und für den Refrain eine Bewegungsgestaltung erarbeiten; dabei den Begriff der Wiederholung aufgreifen und sichern; Zusatzangebot: mit einem Melodieinstrument, z.B. einer Blockflöte, immer nach dem Refrain ein kurzes instrumentales Zwischenspiel einfügen

Wenn die wilden Winde stürmen

3/8 – 9

Text und Melodie:
Christa Zeuch

2. Trägt die schönsten, bunten Schleifen,
fröhlich flatternd im Haar,
küsst die Früchte, dass sie reifen,
ruft die Zugvogelschar.
Dann beginnt der Herbst den
lust'gen Blätterwirbeltanz.
Heiter schunkeln nun die Bäume,
tragen farbigen Glanz.

3. Hat das Jahr genug vom Tanzen,
streift sein Tanzkleid es ab.
Alles Bunt fällt von den Pflanzen
auf die Erde hinab.
Dann beginnt der Herbst sein
allerletztes Stückchen Weg.
Geht durch weite Nebelfelder,
schleppt sich müd und träg.

1 Begleitet die ersten beiden Liedzeilen zweistimmig mit **Boomwhackers** oder mit Klangbausteinen.

2 Spielt in Liedzeile 3 und 4 in einem freien **Rhythmus** mit Maracas (Rasseln).

1. Stimme *2-mal*

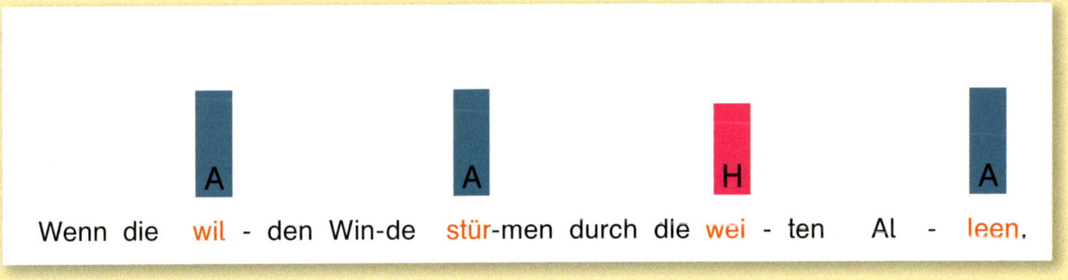

2. Stimme *2-mal*

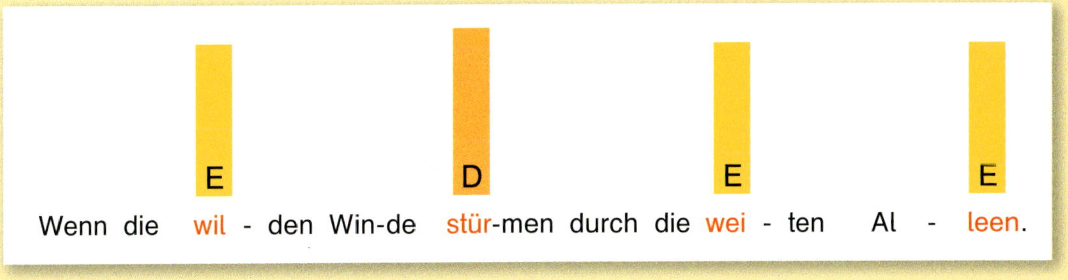

Das Lied singen und die Zeilen unterschiedlich begleiten; die ersten beiden Liedzeilen zweistimmig mit Boomwhackers oder Klangbausteinen begleiten; die dritte und vierte Liedzeile mit Maracas (Rasseln) mitspielen

Yağmur türküsü

3/10 – 11

Text und Melodie:
mündlich überliefert aus der Türkei

Trala ...
2. Toprak içecek, çok çok suyu.
Tohum emeçek ağaç olacak.
Her ağaç çiçek açip meyve verecek.
Her ağaç çiçek açip meyve verecek.

1 Summt die **Melodie** des Liedes und singt sie auf die Tonsilbe „du" oder „nu".

2 Begleitet die erste und die letzte Liedzeile mit großer Trommel und Schellentrommel.

Das Lied vom Regen

Es blitzt, es donnert.
Es wird regnen, es wird gießen.
Die Felder werden gegossen und
die Bäche werden über die Ufer treten.

Die Erde wird es trinken,
das viele, viele Wasser.
Der Samen wird es saugen,
er wird zu einem Baum wachsen.
Jeder Baum wird blühen
und Früchte tragen.

Vorbereitend die Melodie des Liedes summen oder auf Tonsilben singen; den türkischen Liedtext – auch mithilfe des Hörbeispiels CD 3/10 – (be-)sprechen und singen; für die erste und letzte Liedzeile eine zweistimmige rhythmische Begleitung erarbeiten; dabei die Notenwerte thematisieren; die Viertelpausen ggf. mit Fingerzimbeln gestalten

1 Singt das Lied und zeigt den Verlauf der **Melodie** mit der Hand mit.

2 Erfindet eine Nebel-Sonnenstrahl-Musik.

Eine Gruppe spielt den dichten Nebel:
Jedes Kind erhält dazu zwei Schlägel
sowie einen Klangbaustein
mit dem Ton C, D, F, G oder A.
Mit dem linken und rechten Schlägel
wird der Ton abwechselnd angeschlagen,
rasch, aber dennoch locker.
Je mehr Töne gleichzeitig erklingen,
desto dichter wird der Nebel.

Nebel, Nebel, weißer Hauch

3/12

Text: F. A. Blume,
Melodie: Walther Pudelko

Einige Kinder lassen auf einem Glockenspiel
Sonnenstrahlen durch den Nebel scheinen:
Erfindet dazu mit den Tönen D, E, F, G und A
kleine Sonnenstrahl-Melodien.
Lasst eure Melodie mit dem Ton D beginnen
und auch enden.

Das Lied singen und gegebenenfalls mit Instrumenten begleiten; den Melodieverlauf des Liedes für eine saubere Intonation mit Handzeichen mitzeigen; mit Stabspielen und/oder Klangbausteinen zur Thematik des Liedes ein passendes Klangspiel gestalten; dieses als Vor- und Nachspiel zum Lied spielen

Glatteis

Glatteis, Glatteis,
alles ist gefroren.
Die Nase und der Bürgersteig,
die Straße und die Ohren.

Dum dum – ssssst-bop.

Glatteis, Glatteis,
kein Hetzen und kein Schnaufen.
Die Großen müssen langsam geh'n,
als lernten sie grad laufen.

Dum dum – ssssst-bop.

Glatteis, Glatteis,
die Straße ist glasiert.
Jetzt braucht man einen Standpunkt,
sonst ist ganz schnell was passiert.

Dum dum – ssssst-bop.

Glatteis, Glatteis,
verflixt, ist das gewitzt!
Das Gleichgewicht kommt erst,
wenn man auf seinem Hintern sitzt.

Dum dum – ssssst-bop.

Glatteis, Glatteis,
wir essen Käsekuchen.
Die Straße ist 'ne Schlittenbahn,
die Autofahrer fluchen.

Dum dum – ssssst-bop.

Glatteis, Glatteis,
ist auch einmal vorbei.
Ich springe aus dem Haus
und merk:
das Laufen ist wie neu.
Ratapamtamtam
ratapamtamtam
tatatamtamtam.

(Fredrik Vahle)

1 Lest das Gedicht ausdrucksvoll.

2 Sprecht die blauen Ausrutschsilben möglichst abwechslungsreich. Variiert dazu die **Lautstärke**, die **Tonhöhe** und das **Tempo** eurer Stimmen.

3 Begleitet die blauen Ausrutschsilben mit **Körperinstrumenten**.

Das Gedicht ausdrucksvoll sprechen; die „Ausrutschsilben" durch die Variation von Lautstärke, Tonhöhe und Tempo abwechslungsreich gestalten und diese mit Bodypercussion begleiten

1 Sprecht die drei Zeilen einstimmig und begleitet sie mit **Körperinstrumenten.**

3/13

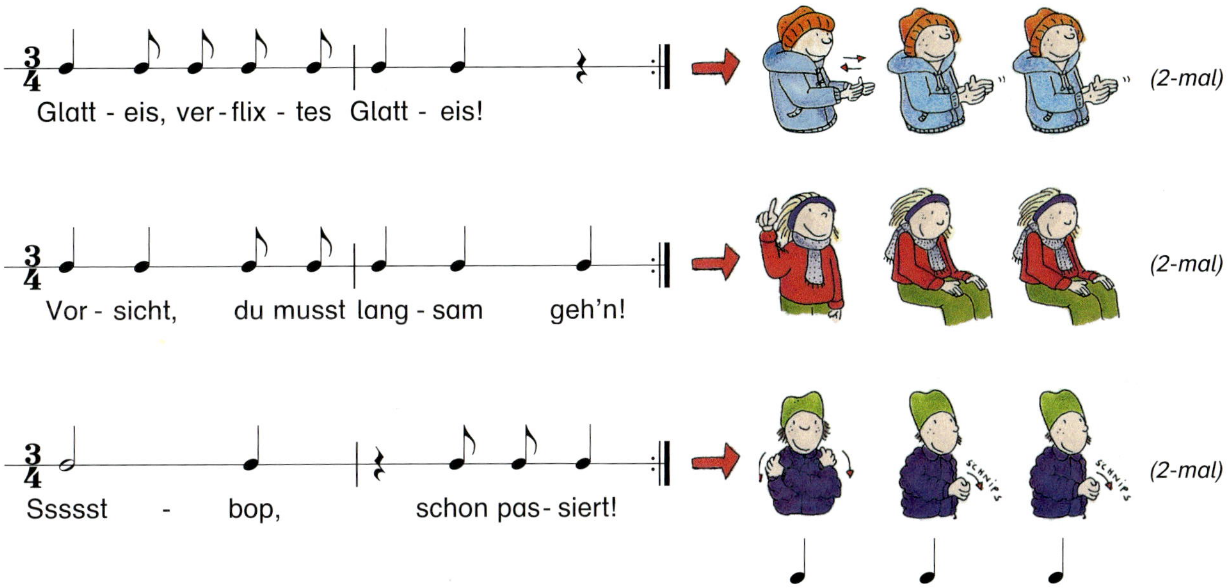

2 Teilt euch in drei Gruppen ein.
Übt die drei Zeilen des Verses mehrstimmig zu sprechen.

Sprecht zunächst gruppenweise,

dann einzeln im Raum

und zum Schluss wieder in den Gruppen.

3 Übertrage den **Rhythmus** einer Sprechzeile auf ein Instrument.
Lass die anderen Kinder raten, welche Zeile du gespielt hast.

Die drei Textzeilen rhythmisch sprechen und mit Bodypercussion begleiten; das mehrstimmige Sprechen der Zeilen durch ein Bewegungsspiel bewusst machen und üben; Zusatzangebot: als Ratespiel den Rhythmus einer beliebigen Sprechzeile auf ein Instrument übertragen

Glatteis

1 Klopft euch den Schnee aus den Kleidern
und lasst das Geschehen auf dem Eis erklingen.
Sprecht dazu die farbigen Ausrufe
in verschiedenen Stimmungen,
erst nacheinander, dann gleichzeitig.

2 Nehmt euer Stimmspiel auf.

Schlittschuhlaufen

3/14 – 15

Text: Tony Gehling,
Melodie: Klaus Holthaus

2. Gleiten, schweben, Kreise drehen,
Schlangenlinien auf dem Eise,
wunderbar auf Kufen stehen,
wenn das Eisgeknister leise.

Und noch einmal Anschwung geben,
Kurve drehen – dann ein Schrei,
Rutschpartien geh'n im Leben
auch auf glattem Eis vorbei.

Weit und breit …

3 Singt den Refrain am Ende des **Liedes** mehrfach. Werdet dabei immer leiser, bis euer Gesang schließlich unhörbar wird.

Die vielfältigen stimmbildnerischen Möglichkeiten der abgebildeten Situation nutzen; alle Stimmklänge zu einem Klangspiel zusammenführen; dieses aufnehmen, anhören und besprechen; das Lied singen; den Refrain am Ende des Liedes mit allmählicher Abnahme der Lautstärke mehrfach wiederholen, bis der Gesang schließlich unhörbar wird

1 Begleitet die Strophen des **Liedes** auf dem Metallofon.

1. Stimme *(8-mal)*

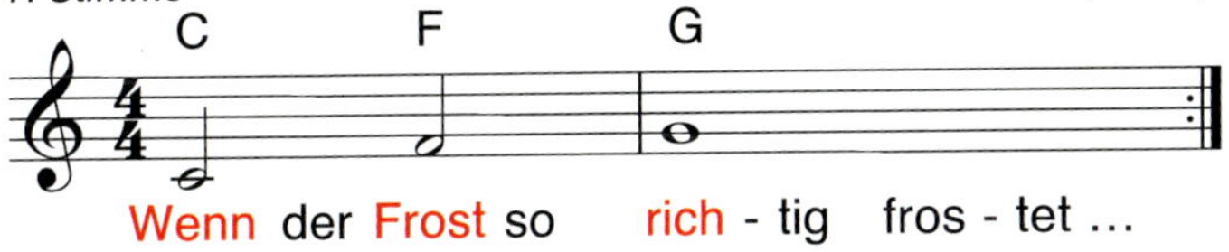

2. Stimme *(8-mal)*

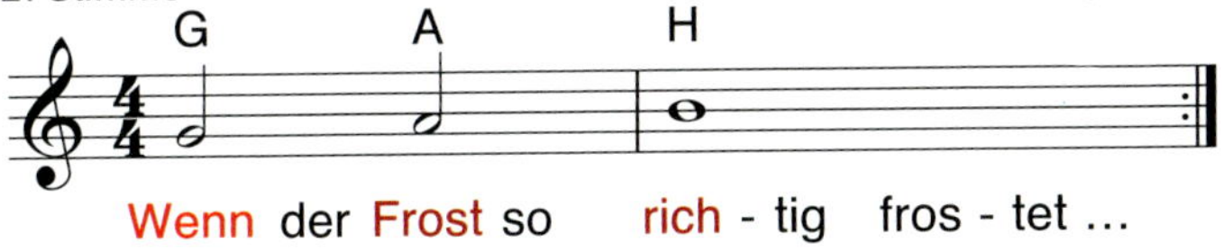

2 Begleitet den Refrain des Liedes mit **Körperinstrumenten**. Die Sprechsilben helfen euch, im **Rhythmus** zu bleiben.

1. Stimme *(4-mal)*

2. Stimme *(4-mal)*

3 Übertragt die Begleitung des Refrains auch auf Instrumente.

4 Spielst du Blockflöte? Dann kannst du ein Vor- oder Nachspiel zum Lied spielen.

Zu den beiden Liedteilen eine (jeweils zweistimmige) Begleitung erarbeiten; die Strophen des Liedes mit Stabspielen, den Refrain mit Bodypercussion begleiten; dazu jeweils die Notenwerte wiederholen und sichern; Zusatzangebot: mit einem Melodieinstrument ein Vor- oder Nachspiel zum Lied gestalten

Glatteis

Warst du im Winter
schon einmal Schlittschuhlaufen?
Hier siehst du drei verschiedene
Schlittschuhläuferinnen und Läufer,
die sich ganz unterschiedlich
auf dem Eis bewegen.

1 Wähle eine Person aus
und mache ihre Bewegungen nach.
Lass die anderen Kinder raten,
wen du dargestellt hast.

2 Beschreibt, wie sich die Personen
auf dem Eis bewegen.
Welche Eislaufspur gehört zu wem?

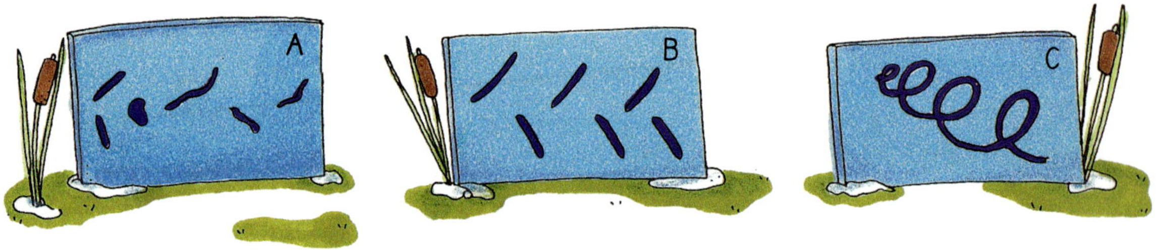

3 Bildet Kleingruppen.
Wählt in eurer Gruppe eine der gezeigten Personen aus.
Erfindet mit den vorgegebenen Instrumenten
ein passendes Eislaufstück für die Person.
Spielt eure Stücke vor und sprecht darüber.

4 Übt euer Eislaufstück noch einmal und fertigt eine Aufnahme davon an.

Die Bewegungen der Eisläufer beschreiben und imitieren; jedem Läufer eine grafische Bewegungsspur zuordnen; in Kleingruppen die verschiedenen Eislauffahrten hörbar machen; dazu mit den gezeigten Instrumenten experimentieren und ein zum Stil des Läufers passendes Klangspiel gestalten; dieses aufnehmen, anhören und besprechen

Hört von der CD zwei kurze Musikstücke, die ebenfalls von unterschiedlichen Schlittschuhläufern erzählen. Diese Musikstücke hat der **Komponist Constant Lambert** aus zwei Werken von **Giacomo Meyerbeer** zusammengestellt. Er gab seiner Musik den französischen Titel „Les Patineurs". Das bedeutet auf Deutsch „Die Schlittschuhläufer". 3/16 – 17

1 Wähle eine Schlittschuhmusik aus und male einen passenden Schlittschuhläufer dazu.

2 Wie bewegt sich dein Schlittschuhläufer auf dem Eis? Wähle passende Wörter aus und schreibe sie zu deinem Bild.

elegant | schnell | leise | ungestüm | kraftvoll | hüpfend | ruhig | schön | ? | laut | langsam

3 Gib deinem Schlittschuhläufer einen Namen.

Prinzessin Gleitfuß | ? | Carlos, der Kräftige

4 Zeichne auf einem farbigen Papier mit Kreide den Weg deines Schlittschuhläufers auf.

5 Stelle deine Bilder in der Klasse vor. Lass die anderen Kinder raten, zu welcher Musik du gemalt hast.

Die Hörbeispiele CD 3/16 – 17 (Ausschnitte aus: G. Meyerbeer: Les Patineurs) hören; ein Hörstück auswählen und mithilfe der Aufgaben einen Schlittschuhläufer charakterisieren; dabei auf die Bereiche Lautstärke, Tempo und Tonhöhe in der Musik achten; die Ergebnisse reflektieren: Welcher Schlittschuhläufer/Eislaufweg passt zu welchem Hörbeispiel?

Ich habe einen Weihnachtsmann geseh'n

3 / 18 – 19

Text und Melodie: Volker Rosin

2. Ich habe einen Weihnachtsmann geseh'n.
   Auf unserm bunten Weihnachtsmarkt,
   er wollte grade geh'n.
   Er hatte zwar 'ne Rute,
   doch ich gab ihm die Hand.
   Denn ich hab den Herrn Müller
   sofort wiedererkannt.
   Mh …

3. Ich habe einen Weihnachtsmann geseh'n.
   Auf einem großen Schlitten
   wollte er 'ne Runde dreh'n.
   Und vorne an den Pferden
   machte es klingeling,
   doch in dem großen Sack
   war leider überhaupt nichts drin.
   Mh …

4. Ich hab zwar oft 'nen Weihnachtsmann geseh'n.
   Und doch kann ich das alles
   überhaupt nicht recht versteh'n.
   Denn mit den Weihnachtsmännern,
   da ist es sehr verflixt,
   woher soll ich denn wissen,
   wer der richtige ist?
   Mh …

1 Übt die beiden Refrain-Stimmen jeweils einstimmig. Zeigt den Verlauf der Melodien mit der Hand mit und achtet darauf, dass ihr die Töne ganz genau trefft!

2 Bildet zwei Gruppen. Singt die beiden Refrain-Stimmen gleichzeitig. So erklingt euer Gesang mehrstimmig.

Den Text des Liedes lesen und über Weihnachtsbräuche, Weihnachtsvorlieben und „Weihnachtsstress“ nachdenken und sprechen; das Lied singen; die beiden Refrain-Stimmen zunächst einstimmig singen und für eine saubere Intonation den Melodieverlauf mit der Hand mitzeigen; anschließend den Refrain mehrstimmig gestalten

Ein heller Stern hat in der Nacht

3/20 – 21

Text: Rolf Krenzer,
Melodie: Detlev Jöcker

2. Die Engel haben auf dem Feld
den Hirten es zuerst erzählt.
Gloria! Gloria! Halleluja!

3. Die Hirten ließen alles steh'n,
um zu dem Kind im Stall zu geh'n.
Gloria! Gloria! Halleluja!

4. Maria wusst es lange schon.
Das Kind im Stroh ist Gottes Sohn.
Gloria! Gloria! Halleluja!

5. Und Josef auch, der Zimmermann,
nimmt dieses Kind in Liebe an.
Gloria! Gloria! Halleluja!

6. Der helle Stern hat in der Nacht
die Könige zum Stall gebracht.
Gloria! Gloria! Halleluja!

7. So wissen alle nun davon
Gott schenkt uns seinen eignen Sohn.
Gloria! Gloria! Halleluja!

8. Drum freut euch all, ihr lieben Leut!
Dankt Gott und feiert Weihnacht heut.
Gloria! Gloria! Halleluja!

Mithilfe der Bilder die Weihnachtsgeschichte erzählen/nachvollziehen; dazu schrittweise die Strophen des Liedes erarbeiten; solistisch oder in Kleingruppen jeweils eine Strophe auswendig vortragen; den Refrain gemeinsam singen

Als ich bei meinen Schafen wacht

3/22

Text und Melodie: mündlich überliefert

2. Er sagt, es soll geboren sein
zu Bethlehem ein Kindelein.
Des bin ich froh …

3. Er sagt, das Kind läg da im Stall
und sollt die Welt erlösen all.
Des bin ich froh …

4. Als ich das Kind im Stall geseh'n,
nicht wohl konnt ich von dannen geh'n.
Des bin ich froh …

5. Den Schatz muss ich bewahren wohl,
so bleibt mein Herz der Freuden voll.
Des bin ich froh …

1 Singt das Lied und gestaltet den Refrain in zwei Gruppen: Eine Gruppe singt die schwarze Stimme, die andere Gruppe singt die rote Stimme (das Echo).

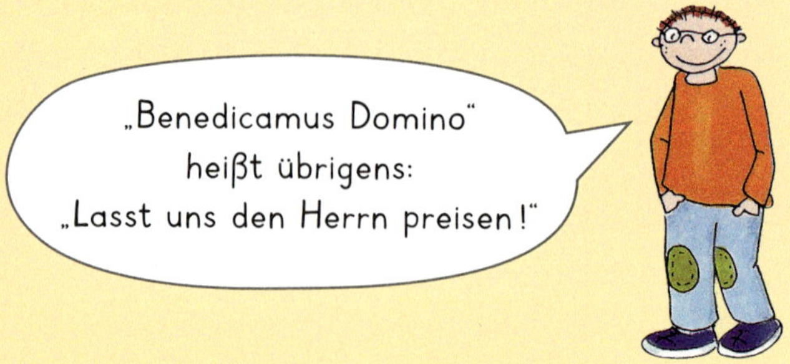

Das Lied auf Tonsilben (z. B. du, dü, no) singen; den Text des Liedes lesen und ggf. unbekannte Textpassagen (z.B. „von dannen geh'n", „bewahren wohl") besprechen; das Lied singen; dabei den Refrain in zwei Gruppen gestalten; auf unterschiedliche Lautstärken der „Vorsänger" sowie des „Echos" achten

Ich steh an deiner Krippen hier

3/23

Text und Melodie:
Johann Sebastian Bach

Ist das Lied dieser Seite tatsächlich fast 300 Jahre alt?
Ja, vor fast 300 Jahren schrieb Johann Sebastian Bach sechs Kantaten für die Weihnachtszeit. Die Stücke, zu denen auch das Lied dieser Seite gehört, sind heute als „Weihnachtsoratorium“ bekannt.
Sie werden in der Weihnachtszeit häufig aufgeführt.
Da die Aufführung des gesamten Werks aber zwei volle Abende dauern würde, werden meist nur Teile daraus vorgetragen.
Die Noten des Weihnachtsoratoriums sind in einem Buch mit über 310 Seiten aufgeschrieben.

1 Hier siehst du ein Monogramm von **Johann Sebastian Bach**. In diesem künstlerisch gestalteten Namenszeichen sind die Anfangsbuchstaben des **Komponisten** versteckt. Kannst du sie finden?

2 Lest den Text des Liedes und sprecht darüber. Ist der Text für dich auch heute noch zu verstehen? Welche Geschenke werden dem Jesuskind im Lied gebracht?

3 Hört das Lied von der CD und singt mit. Achtet genau darauf, wie sich das Musiziertempo von **Chor** und **Orchester** an einigen Stellen verzögert. 3/23

Das Hörbeispiel CD 3/23 (Ausschnitt aus: J.S. Bach: Weihnachtsoratorium) hören und die Musik möglichst genau beschreiben (Besetzung, Lautstärke, Musiziertempo); das Hörstück in biografische und zeitliche Bezüge einordnen; die Sprache des Chorals untersuchen und über den Inhalt sprechen; den Choral singen

Ich lieb den Frühling

1 Singt das Lied im **Kanon**.
Achtet gut auf euren Einsatz.

Ich lieb den Frühling

3/24

Text und Melodie: mündlich überliefert aus England,
deutscher Text: Verfasser unbekannt

im Swingfeeling

I like the flowers, I like the daffodils,
I like the mountains, I like the rolling hills,
I like the fireplace when the light is low.
Dumdidadi ...

?

Singen bei einem Kanon alle Kinder dasselbe Lied?
Ja, bei einem Kanon singen alle Sängerinnen und Sänger dieselbe **Melodie**.
Da die Gruppen jedoch nacheinander mit dem Vortrag der Melodie beginnen, erklingt das Lied mehrstimmig.
Der Einsatz der Gruppen wird über die kleinen Zahlen (1., 2., 3. und 4.) am Beginn der Notenzeile gezeigt. Das Lied kann dann beliebig oft wiederholt werden!

Das Lied mithilfe des Hörbeispiels CD 3/24 sowohl in deutscher als auch in englischer Sprache einstimmig singen; anschließend – auch mithilfe des „Schon-gewusst-Kastens" – über die Struktur des Liedes als Kanon sprechen und das Lied bewusst im Kanon singen

1 Begleitet das Lied mit **Stabspielen** und Rhythmusinstrumenten. Die Texte helfen euch, im **Rhythmus** zu bleiben.

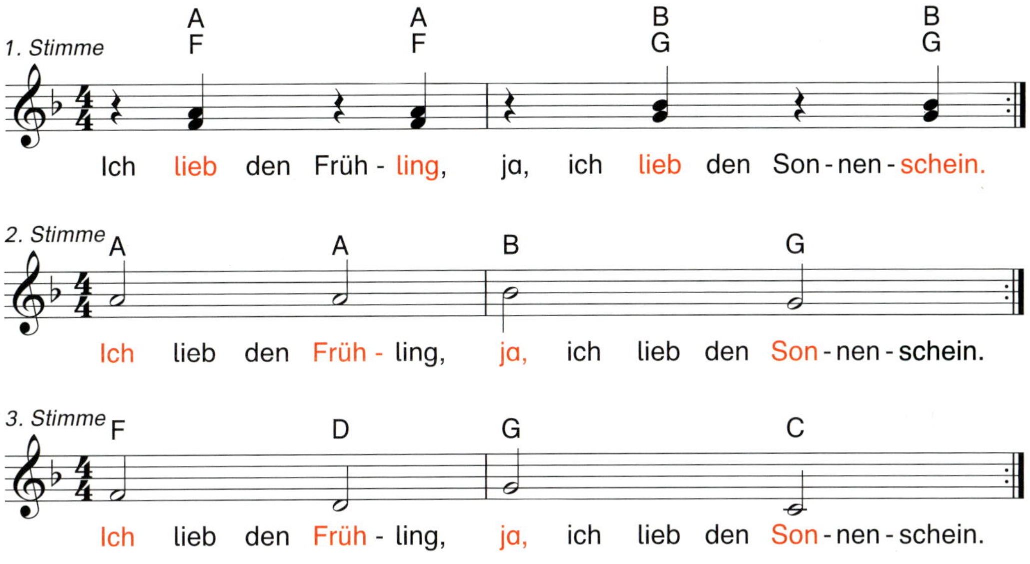

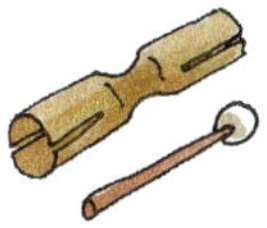

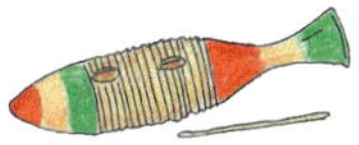

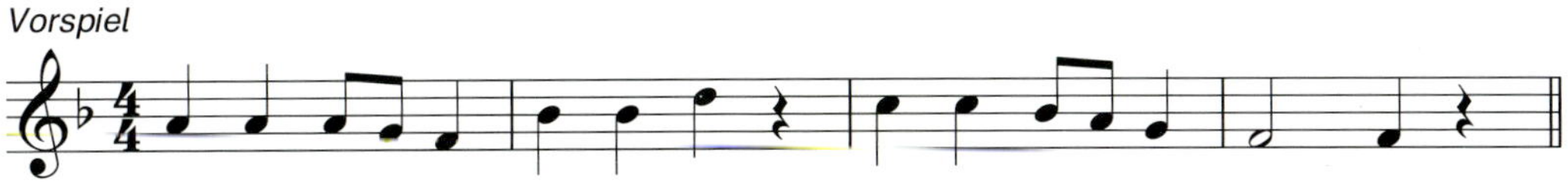

Für das Lied eine mehrstimmige Begleitung mit Stabspielen und Rhythmusinstrumenten erarbeiten; dabei die Notenwerte wiederholen; das Wiederholungszeichen besprechen und den Begriff im Lexikon (S. 107) nachschlagen; Zusatzangebot: mit einem Melodieinstrument ein Vorspiel zum Lied gestalten

Ich lieb den Frühling

Auch der italienische **Komponist Antonio Vivaldi** beschreibt den Frühling mit Musik.
Hört euch seine Frühlingsmusik von der CD an und sprecht über eure Höreindrücke. 3/25

1 Klatscht den Anfang des Musikstücks so mit, wie die Noten es zeigen.

2 Findet die Notenzeile heraus, die im Laufe des Musikstücks mehrfach gespielt wird. Ist es die erste oder die dritte Zeile?

3 Übertragt den mitgeklatschten **Rhythmus** auf Instrumente. Spielt für:

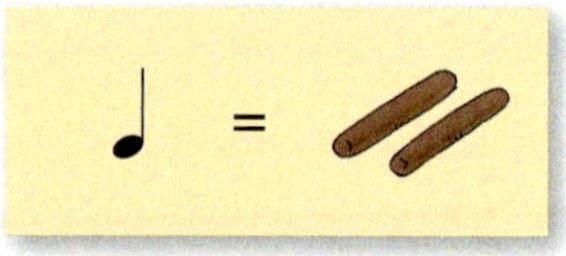

4 Achte auf die Musik zwischen den Mitspiel-Teilen: Hier beschreibt Vivaldi verschiedene Frühlingsereignisse. Nimm einen kleinen Gegenstand und lege ihn beim Zuhören auf den Bildteil, an den dich die Musik erinnert.

5 Wie klingt die Musik in den drei Zwischenteilen? Beschreibe.

schnell · laut · hoch · langsam · leise · tief

6 Bildet vier Gruppen:
Spielt die Mitspiel-Teile mit und stellt Vögel, die springende Quelle und das Gewitter mit Tüchern und Bändern zur Musik dar.

Das Hörbeispiel CD 3/25 (Ausschnitt aus: A. Vivaldi: Der Frühling) hören; für den Anfang einen Mitspielsatz erarbeiten; zum wiederkehrenden Teil (Zeile 3) mitklatschen oder mit Instrumenten mitspielen; die Zwischenteile beschreiben; dabei über Lautstärke, Tempo und Tonhöhe der Musik sprechen; die Zwischenteile mit Tüchern/Bändern darstellen

1 Löse das Forscherquiz über **Antonio Vivaldi** und schreibe die richtigen Antworten auf.

VIVALDI - QUIZ

1. In welcher Stadt wurde Antonio Vivaldi geboren?

a) in Florenz
b) in Pisa
c) in Venedig

VIVALDI - QUIZ

2. Welches Instrument spielte Vivaldi als Kind?

a) Blockflöte
b) Geige
c) Gitarre

VIVALDI - QUIZ

3. Wie viele Konzerte schrieb Vivaldi insgesamt?

a) über 500 Konzerte
b) über 100 Konzerte
c) über 300 Konzerte

VIVALDI - QUIZ

4. In welchem Alter starb Antonio Vivaldi?

a) mit 43 Jahren
b) mit 63 Jahren
c) mit 73 Jahren

2 Findet euch in Paaren zusammen. Wählt einen **Komponisten** aus dem Fidelio-Lexikon aus und erstellt eigene Fragekärtchen.

KOMPONIST

FRAGE

DREI ANTWORTEN ZUR AUSWAHL

Béla Bartók

Johann Sebastian Bach

?

3 Tauscht eure Karten mit anderen Kindern, und beantwortet eure Quizfragen gegenseitig.

Sich mithilfe der Quizfragen exemplarisch mit dem Komponisten Antonio Vivaldi beschäftigen; dabei das Leseverständnis sowie Nachschlagetechniken/ Recherchemöglichkeiten fördern; für weitere Komponisten eigene Fragesätze entwickeln und diese im Austausch mit anderen Kindern bearbeiten

Der Frühjahrsputz

3/26 – 27

Text und Rhythmus:
Richard Filz

Einleitung/Zwischenspiel

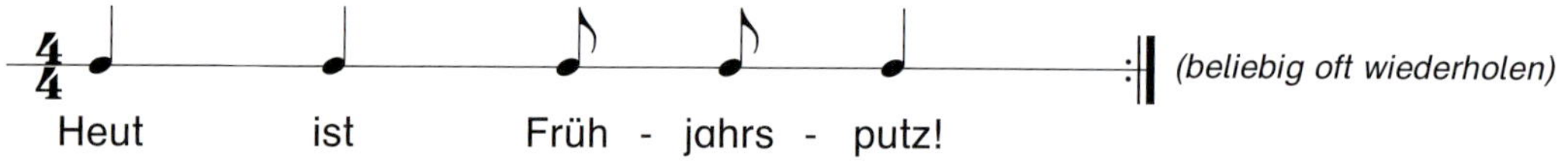

1.-3. Strophe

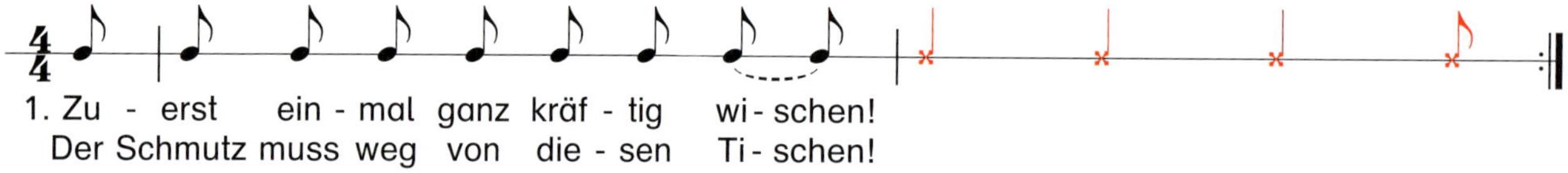

Heut ist Frühjahrsputz! ...
2. Als nächstes ist der Stuhl hier dran!
Der fühlt sich ganz schön eklig an!
Dann wird poliert mit Eleganz!
Schon strahlt der Stuhl im neuen Glanz!

Heut ist Frühjahrsputz! ...
3. Zuletzt sind wir noch selber dran!
Ich frag mich nur, wo fang ich an?
Dann wird poliert mit Eleganz!
Schon strahlen wir im neuen Glanz!

Schluss

1 Begleitet die Einleitung und die Zwischenspiele mit Klatschen.

Heut ist Früh - jahrs - putz!

2 Wischt bei den roten Noten zunächst mit euren Händen.

3 Besorgt euch Putztücher oder Taschentücher. Wischt und poliert bei den roten Noten mit euren Tüchern.

4 Gestaltet den Schluss müde und ausdrucksvoll.

Das Sprechstück ausdrucksvoll sprechen; dabei den Text „Heut ist Frühjahrsputz!“ durch Klatschen akzentuieren; bei den roten Noten mit Händen, Putztüchern oder Taschentüchern rhythmisch wischen und polieren; den Schlussteil müde und gähnend gestalten

Vor dem Sprechstück „Der Frühjahrsputz“ möchten die Hasen ein Vorspiel mit Besen spielen. Dazu brauchen sie eure Hilfe.

1 Spielt die vier Besen-**Rhythmen** zunächst einzeln.

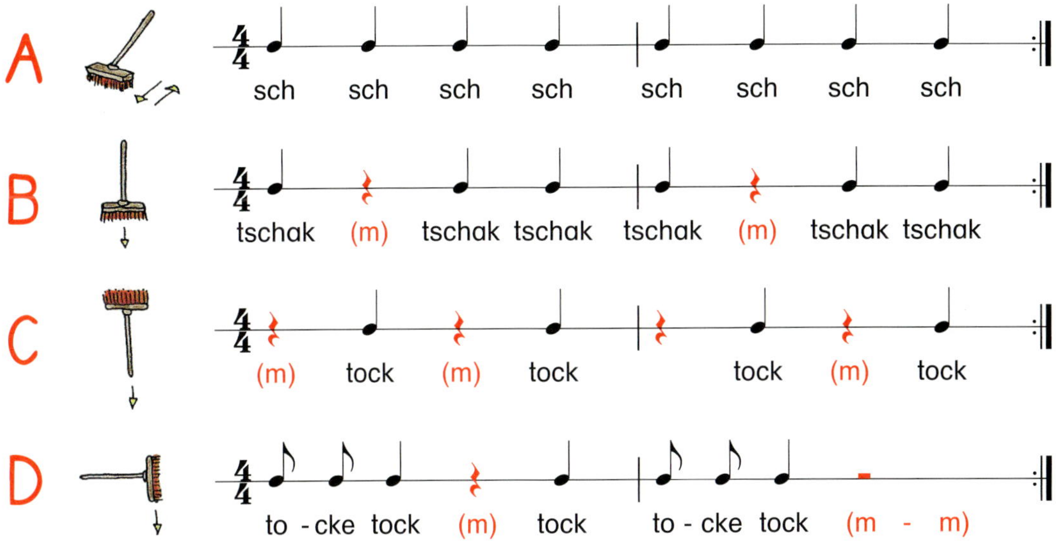

2 Bildet vier Gruppen und übt eine feste Spiel-Abfolge.

Gruppe A beginnt. Sie spielt ihren Besen-Rhythmus. Nach zwei Takten kommt Gruppe B dazu.
Es folgen Gruppe C und Gruppe D.
Schließlich spielen alle Gruppen vier Takte gemeinsam. Danach enden alle Gruppen gemeinsam.

Wie werden Pausen in Musikstücken aufgeschrieben?
Genau wie man Klänge mit Notenwerten aufschreibt, werden Pausen mit Pausenwerten notiert. Für jeden Notenwert gibt es einen entsprechenden Pausenwert.

Die ganze Pause dauert so lang wie eine ganze Note.

Die halbe Pause dauert so lang wie eine halbe Note.

Die Viertelpause dauert so lang wie eine Viertelnote.

Die Achtelpause dauert so lang wie eine Achtelnote.

Gemeinsam ein Besen-Vorspiel zum Sprechstück erarbeiten; dazu in vier Gruppen die Besen-Rhythmen (A, B, C und D) ein- und mehrstimmig spielen; über das stumme Mitsprechen („m“) die Pausen bewusst machen; in Analogie zu den Notenwerten die Pausenwerte kennenlernen und benennen können

Ich lieb den Frühling

1 Summt die **Melodie** des Liedes und singt sie auf die Tonsilben „du" oder „nu".

2 Singt den Kuckucksruf einzeln und achtet darauf, dass ihr die Töne ganz genau trefft.

Der Winter ist vorüber

3/28 – 29

Text und Melodie: mündlich überliefert aus dem Tessin, deutsche Textfassung: Kurt Suttner

2. Da droben in den Bergen
sind Eis und Schnee getaut,
im Walde sucht der Kuckuck
ein Nest, das schon gebaut.
Kuckuck, Kuckuck,
sind Eis und Schnee getaut,
im Walde sucht der Kuckuck
ein Nest, das schon gebaut.

2. Lassù per le montagne,
la neve non c'è più,
comincia a far il nido
il povero cucù.
Cucù, cucù,
la neve non c'è più,
comincia a far il nido
il povero cucù.

3 Achtet beim Singen des Liedes auf die Achtelpausen. Betont jede Achtelpause mit einem Fingerzimbelschlag.

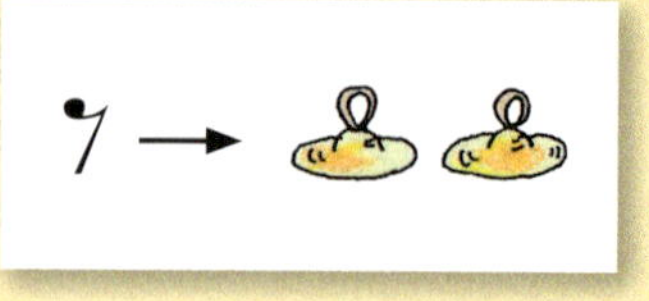

Die Melodie des Liedes zunächst summen oder auf Tonsilben singen; das Singen eines Kuckucksrufs bewusst üben; dabei auf eine saubere Intonation Wert legen; das Lied auf Deutsch und – mithilfe des Hörbeispiels CD 3/28 – auf Italienisch singen; zum Verdeutlichen und Einhalten der Achtelpausen diese mit Fingerzimbeln mitspielen

1 Begleitet die ersten beiden Liedzeilen mit **Stabspielen**.

2 Spielst du Blockflöte?
Dann kannst du zu den letzten beiden Liedzeilen eine zweite Stimme spielen.

Für die beiden ersten Liedzeilen eine mehrstimmige Begleitung mit Stabspielen erarbeiten; dabei die Noten- und Pausenwerte wiederholen und sichern; Zusatzangebot: mit einem Melodieinstrument (z.B. mit einer Blockflöte) zu der dritten und vierten Liedzeile eine Begleitstimme spielen

Auf der Eisernen Burg herrscht Notstand: Der Drache Koks liegt mit Schnupfen im Bett und Ritter Rost sitzt schon ewig auf der Toilette! So steht das Burgfräulein Bö ganz alleine vor einem riesigen Berg mit schmutzigem Geschirr.
Verzweifelt bestellt sich Bö über den Zauberspiegel-Blitzversand einen Diener, der ihr beim Abwasch helfen soll, doch blitzschnell machen sich die zwei gemeinsam aus dem Staub!
Nun gibt es nur noch Ritter Rost, der den Kampf gegen Schmutz und Unordnung antreten kann ...

Heut helfe ich

3/30

Text: Jörg Hilbert,
Musik: Felix Janosa

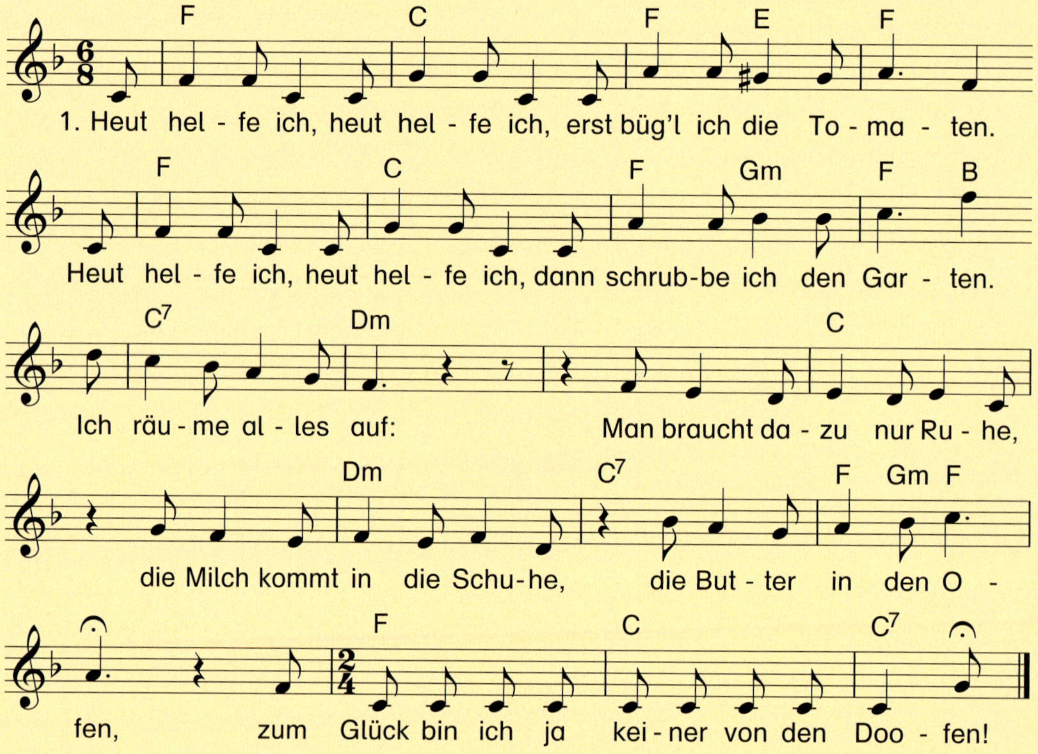

2. Heut helfe ich, heut helfe ich, ich schleudre die Karotten.
Heut helfe ich, heut helfe ich, ich füttere die Motten.
Ich räume alles auf: Die Socken in die Soße,
der Rotwein auf die Hose, den Weißwein in die Blumen,
zum Glück bin ich ja keiner von den Dummen.

3. Heut helfe ich, heut helfe ich, ich brate Eis zum Essen.
Heut helfe ich, heut helfe ich, dazu wird Senf gegessen.
Ich räume alles auf: Spagetti zu den Schnüren,
den Honig an die Türen, den Abfall auf die Böden,
zum Glück bin ich ja keiner von den Blöden.

Anhand des Textes und der Bilder über die Situation von Ritter Rost sprechen;
das Hörbeispiel CD 3/30 bewusst hören und nach und nach mitsingen

1 Besorgt euch für das Lied von Ritter Rost Kochlöffel-Claves mit Spagetti-Schnüren.

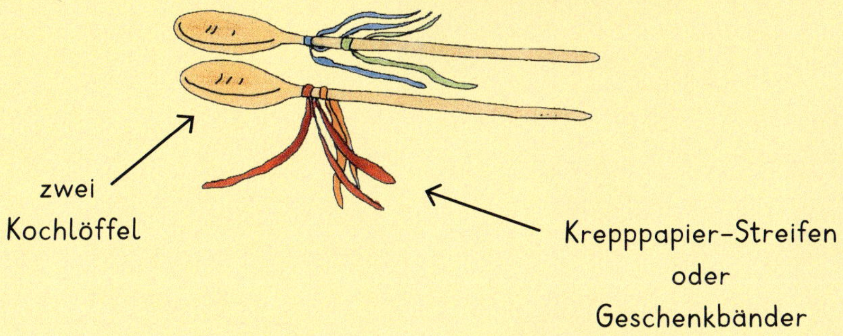

2 Spielt mit euren Kochlöffel-Claves im Liedrhythmus mit, wenn der Ritter folgende Texte singt:

3 Findet zu allen anderen Texten des Liedes freie Begleitrhythmen und Bewegungsformen mit euren Kochlöffel-Claves.

Mithilfe zweier Holzkochlöffel und bunter Krepppapier-Streifen bzw. Geschenkbänder zwei „Kochlöffel-Claves“ bauen; ausgewählte Liedstellen rhythmisch mitspielen; alle weiteren Liedteile mit freien Begleitrhythmen und/oder Bewegungsformen gestalten; dabei verschiedene Raumebenen nutzen

Es summt und sticht

Stell dir vor, du liegst an einem warmen Sommerabend in einem Zelt.
Du versuchst – trotz der Wärme – einzuschlafen.
Plötzlich hörst du ein leises, aber sehr unangenehmes Geräusch. Ein kleines Tier nähert sich summend deiner Nase …

3/31

1 Höre dir von der CD ein Musikstück an, in dem das Geräusch dieses Tieres von zwei Geigen nachgespielt wird. Welcher Störenfried ist wohl gemeint?

2 Höre dir die Musik noch einmal an und versuche, die Wege des besagten Tieres mit den Augen zu verfolgen.

Das Foto als Gesprächsanlass und als Hinführung zur Mückenthematik nutzen; dem Hörbeispiel CD 3/31 (B. Bartók: Mückentanz) lauschen und die Höreindrücke verbalisieren; die imaginären Wege der Mücke mit den Augen verfolgen

Kleine Mücke

3/32

Text und Musik:
Ullrich Moritz

1 Lest den Text und sprecht ihn rhythmisch.

2 Begleitet euer rhythmisches Sprechen zeilenweise mit **Körperinstrumenten**.

3 Baut ein „Mücken-**Rondo**“:

Sprecht den Vers „Kleine Mücke“ gemeinsam.
Lasst nach jedem Durchgang ein Kind ein „Mücken-**Solo**“ einfügen: Das ausgewählte „Mückenkind“ schwingt mit einem Band einen Mückenweg und summt locker mit seiner Stimme dazu. Am Ende seines Solos gibt es das Band an ein neues Mückenkind weiter.

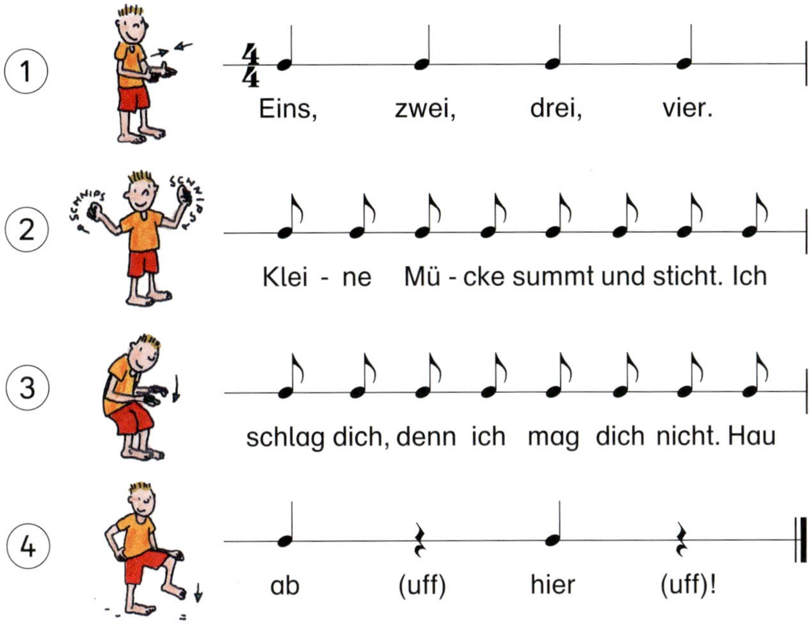

Das Sprechstück rhythmisch gestalten und mit Bodypercussion zeilenweise begleiten; das Sprechstück und freie Mücken-Soli abwechseln; dadurch die Struktur eines Rondos (hier Kettenrondos: A-B-A-C-A-D …). bewusst machen; Zusatzangebot: Mückenwege grafisch notieren und diese mithilfe der Notation nachsummen

The mosquito

3/33

Text und Melodie:
Susan Hagen Nipp

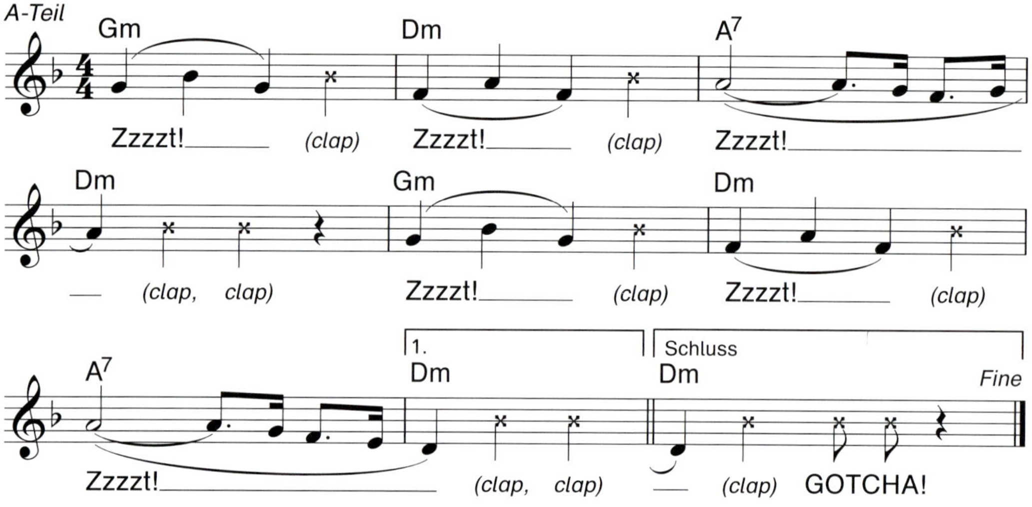

Schon gewusst?
Die Mücken in Amerika summen genau wie die Mücken in Deutschland. Nur wird ihr Summen „Zzzzt!" geschrieben!

1 Singt und gestaltet das Lied abwechslungsreich:

Eine Gruppe singt den A-Teil des Liedes, eine zweite Gruppe singt den B-Teil.

Eine Gruppe singt das Lied, eine zweite Gruppe gestaltet die Einwürfe bei „clap" und „scratch".

?

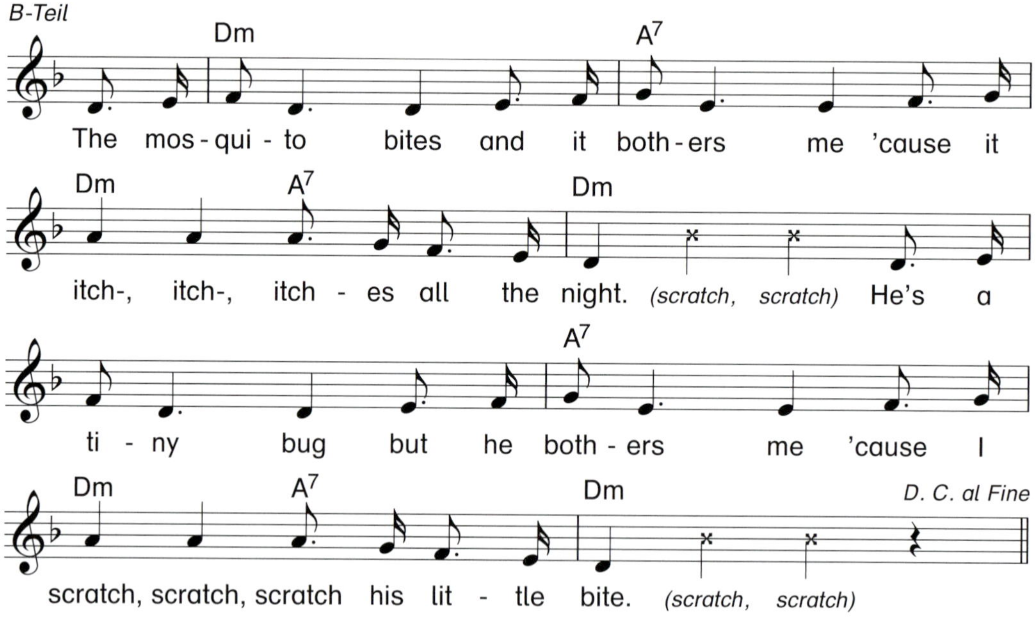

Den englischen Liedtext – auch mithilfe des Hörbeispiels CD 3/33 – sprechen und inhaltlich klären;
das Lied abwechslungsreich singen; bei den Einwürfen „clap" und „scratch" jeweils passende Geräusche einfügen

1 Gestaltet die beiden Teile des Liedes mit Instrumenten.

Bastelt euch für den A-Teil ein Summ-Instrument
und probiert aus, wie es am besten klingt.
Spielt bei „Zzzzt“ mit euren Summ-Instrumenten mit.
Wählt bei „clap“ unterschiedliche „Klatschorte“ aus,
an denen die Mücke sitzen könnte.

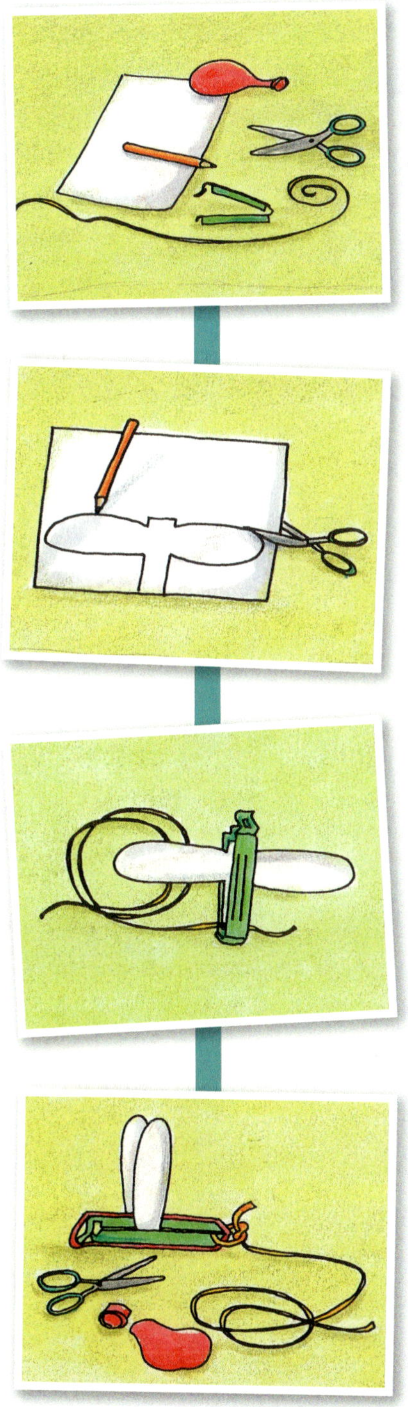

Begleitet den B-Teil des Liedes mit **Stabspielen**.
Die Sprechsilben helfen euch, im **Rhythmus** zu bleiben.

Ein Summ-Instrument basteln und mit den Klangmöglichkeiten des Instrumentes experimentieren; den A-Teil des Liedes mit dem Summ-Instrument mitspielen; bei „clap“ nach der Mücke schlagen; für den B-Teil einen mehrstimmigen Stabspielsatz erlernen

Es summt und sticht

1 Hört den Mosquito-Tanz von der CD. 3/34
Versucht einmal, den Verlauf der Musik mitzuzeigen.
Achtung, das geht richtig schnell!

A Today I saw a man in the park …
B This is the mosquito dance …
C Hit your head, hit your nose …

A Today I saw a lady on the bus …
B This is the mosquito dance …
C Hit your head, hit your nose …

A Today I heard a buzzing sound …
B This is the mosquito dance …
C Hit your head, hit your nose …

2 Übt zunächst den C-Teil und
zeigt die genannten Körperteile mit.

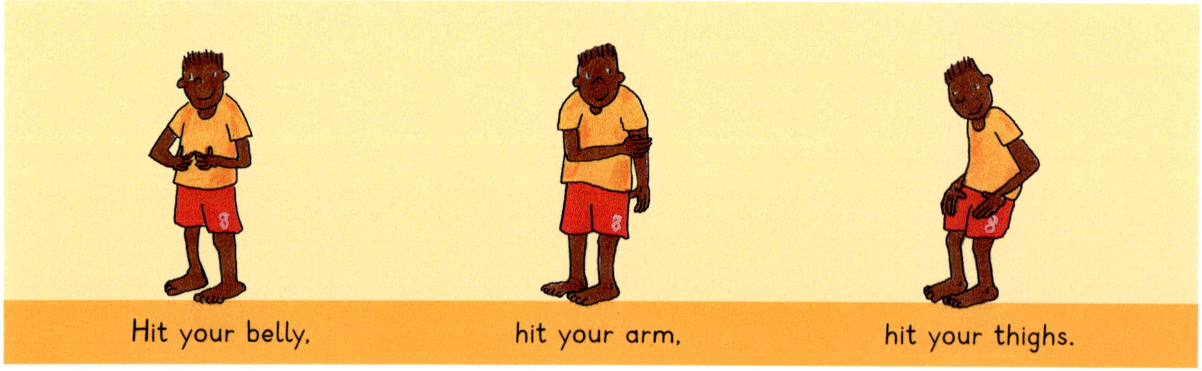

Das Hörbeispiel CD 3/34 (Danny & Gerry: The mosquito dance) hören und die Struktur des Tanzes mithilfe der Grafik besprechen;
die drei Teile des Tanzes mit freien und gebundenen Bewegungen tanzen; mit den textgebundenen Bewegungen des C-Teils beginnen

1 Klatscht im B-Teil oder wählt eine eigene Bewegung aus.

mit der Hüfte drehen | mit dem Kopf nicken | im Seitschritt tanzen | ?

2 Spielt im A-Teil die im Lied genannte Person und schlagt nach der Mücke links und rechts, oben und unten – überall.

Für den B-Teil des Tanzes eigene Bewegungsmöglichkeiten entdecken und diese zur Musik erproben; für den A-Teil den Liedtext mithilfe der Bilder nachvollziehen und dazu passende, textgebundene Bewegungen ausführen

Wenn der Sommer kommt

3/35 – 36

Text: Rolf Krenzer,
Melodie: Martin Göth

2. Da hält's keiner aus.
Kommt mit mir hinaus
und stimmt alle froh mit ein:
So schön …

3. Beim Spazierengehn
kann man so viel seh'n.
Drum stimmt alle froh mit ein:
So schön …

4. Bleibt nicht draußen steh'n,
wenn wir baden geh'n,
und stimmt alle froh mit ein:
So schön …

5. Ohne Strümpf und Schuh
geh'n wir immerzu.
Drum stimmt alle froh mit ein:
So schön …

6. Wird es uns zu heiß,
gibt's ein kaltes Eis!
Drum stimmt alle froh mit ein:
So schön …

7. Dass ihr's nicht vergesst:
Zu dem Sommerfest
ladet alle Leute ein.
So schön …

1 Singt das **Lied** und gestaltet es so:

Singt die Strophen in Kleingruppen
und gestaltet die roten Töne ganz leise.
Singt den Refrain gemeinsam.

Die Bilder der Seite als Gesprächsanlass nutzen (Was findest du im Sommer besonders schön? Was findest du weniger schön?); das Lied mit allen Strophen lesen und singen; die roten Töne als „Echo" leise gestalten; Zusatzangebot: die Strophen mit Klangbausteinen begleiten; die letzten beiden Liedzeilen im Liedrhythmus mit Maracas mitspielen

Mein Fahrrad kann nicht fahren

3/37

Text: Wolfgang Hering,
Melodie: mündlich überliefert

1 Singt das Lied und ersetzt die gezeigten Begriffe nach und nach durch Bewegungen.

mein

Fahrrad

nicht

Reifen

platt

Loch

Pflaster

drauf

2 Begleitet das Lied mit euren Stimmen.

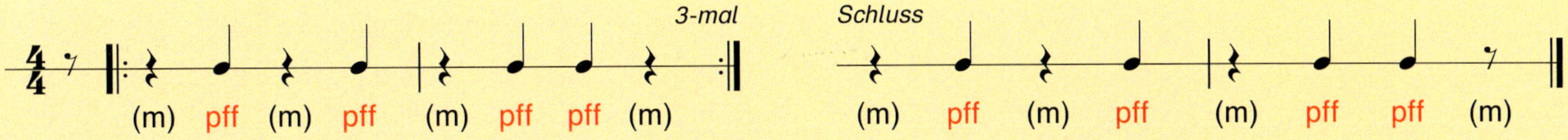

Das Lied singen und den Text des Liedes nach und nach durch Gesten ersetzen; die Liedbegleitung stimmlich erarbeiten; dabei die Pausen durch ein stummes Mitsprechen („m") bewusst machen und begrifflich sichern

Lexikon

Bach, Johann Sebastian

Johann Sebastian Bach wurde 1685 in Eisenach geboren.
In seiner musikalischen Familie lernte er schon früh Geige und Klavier spielen. Als er neun Jahre alt war, starb seine Mutter, ein Jahr später sein Vater. So wuchs er in der Familie seines Bruders auf. Der Bruder unterrichtete ihn am Cembalo. Später spielte Bach vor allem Orgel und schrieb zunehmend eigene Musikstücke.
Als Erwachsener arbeitete er als Kantor in Leipzig. Als Kantor bereitete er mit dem Chor die Musik für den Gottesdienst vor und spielte dort auch die Orgel.
In seiner Zeit als Kantor komponierte Bach unter anderem rund 300 Kantaten für Sonn- und Festtagsgottesdienste.
Johann Sebastian Bach war zweimal verheiratet und bekam 20 Kinder. Da jedoch die medizinische Versorgung in dieser Zeit noch sehr schlecht war, starben zehn seiner Kinder sehr früh. Vier seiner Söhne wurden später – genau wie der Vater – Komponisten.
Johann Sebastian Bach starb im Alter von 65 Jahren in Leipzig.

Bartók, Béla

Béla Bartók wurde 1881 in Ungarn geboren. Nach dem Musikunterricht bei seiner Mutter studierte er Klavier und Komposition. Er schrieb viele Musikstücke für Orchester, Chor, Klavier und andere Instrumente.
Ein bekannter Geigenlehrer bat Bartók, ihm für seinen Geigenunterricht einige kurze Stücke zu schreiben. So entstanden der „Mückentanz“ und 43 weitere Duos für zwei Geigen. Fast allen Geigenstücken liegen alte Volkslieder zugrunde. Wer genau hinhört, kann im „Mückentanz“ das Lied „Fing mir eine Mücke heut“ entdecken. Béla Bartók starb im Alter von 64 Jahren in New York.

Beethoven, Ludwig van

Ludwig van Beethoven wurde 1770 in Bonn geboren und erhielt bereits mit vier Jahren Klavierunterricht.
Mit acht Jahren gab er sein erstes Konzert. Nach und nach sorgte sein Klavierspiel für großes Aufsehen und auch seine Kompositionen begeisterten die Grafen, Fürsten und das Publikum.
Beethoven komponierte schier unermüdlich, als er mit 25 Jahren plötzlich bemerkte, dass er nicht mehr so gut hören konnte. Seine Schwerhörigkeit wurde immer schlimmer und mit 49 Jahren war Beethoven völlig gehörlos.
Obwohl er oft darüber verzweifelte und sehr einsam war, schrieb Beethoven weiter Musikstücke. So vollendete er kurz vor seinem Tod auch die überaus berühmte 9. Sinfonie, aus der die Melodie der Europahymne stammt.
Beethoven starb mit 57 Jahren in Wien.

Bodypercussion

→ Körperinstrumente

Boomwhacker

Boomwhackers sind bunte, gestimmte Kunststoffröhren, die auf vielfältige Weise zum Klingen gebracht werden, zum Beispiel durch Schlagen auf verschiedene Körperteile (Handinnenfläche, Oberschenkel), durch Gegeneinanderschlagen oder sogar durch Hineinblasen, wobei die Öffnung des Boomwhackers vor dem Mund hin und her bewegt wird. Die Tonhöhe eines Boomwhackers ist von seiner Länge abhängig. Jeder Ton hat eine bestimmte Farbe:

Werden zusätzlich Oktavkappen auf die Boomwhackers aufgesteckt, so erklingen die Töne genau eine Oktave tiefer.

Brahms, Johannes

Kennst du das Schlaflied „Guten Abend, gute Nacht?" Sicher wusstest du noch nicht, dass diese Melodie von dem berühmten Komponisten Johannes Brahms stammt. Brahms wurde 1833 in Hamburg geboren und war bereits als 10-Jähriger ein Wunderkind am Klavier. Als Erwachsener gab Johannes Brahms viele Konzerte und arbeitete zudem als Klavierlehrer.

Später lebte Johannes Brahms in Wien und komponierte dort neben vielen Klavierstücken auch zahlreiche Musikstücke für andere Instrumente, Lieder und vieles mehr. Mit 64 Jahren starb Johannes Brahms in Wien, wo er neben den Gräbern der berühmten Komponisten Ludwig van Beethoven und Franz Schubert seine letzte Ruhestätte fand.

Chor

Singst du gerne mit anderen? Dann bist du vielleicht in einem Schulchor oder in einem Kinderchor. In einem Chor treffen sich viele Sängerinnen und Sänger, um gemeinsam Lieder zu erarbeiten. Singen alle die gleiche Melodie, so singt der Chor einstimmig. Wenn verschiedene Melodien gleichzeitig erklingen, die gut zusammenpassen, dann singt der Chor mehrstimmig.

Dirigent/Dirigentin

Vielleicht hast du dich schon einmal gefragt, was ein Dirigent mit seinen Händen oder mit dem Taktstock macht? Die Hände sind das Werkzeug eines jeden Dirigenten.
Gemeinsam mit den Sängern oder Musikern übt der Dirigent die Musikstücke. Er zeigt mit seinen Hand- und Armbewegungen den Takt und das Tempo an und gibt die verschiedenen Einsätze. Gleichzeitig vermittelt er mit seiner Gesichts- und Körpersprache, wie die Sänger oder Musiker die Musik besonders ausdrucksvoll gestalten können. Jede Bewegung hat also eine Bedeutung, die die Musiker ohne Worte verstehen können.

Grieg, Edvard

Edvard Grieg wurde 1843 in der norwegischen Stadt Bergen geboren.
Mit sechs Jahren erhielt Edvard von seiner Mutter, die Pianistin war, Klavierunterricht. Bereits mit neun Jahren begann er mit dem Komponieren.
Edvard Grieg wurde der berühmteste norwegische Komponist und Pianist.
Unter seinen Werken haben die „Lyrischen Stücke für Klavier" besonders große Bedeutung. „Lyrisch" bedeutet „poetisch, dichterisch, ausdrucksstark".
Die Lyrischen Stücke sind 66 kurze Klavierstücke unterschiedlicher Stimmung mit Titeln wie zum Beispiel „Zug der Zwerge" oder „Kleiner Vogel". Edvard Grieg hat sich beim Komponieren oft von der Natur und der norwegischen Volksmusik inspirieren lassen. Er starb 1907 im Alter von 64 Jahren in Bergen.

Haydn, Joseph

Wenn du heute in ein Fußballstadion gehst und die Nationalhymne hörst, dann denkst du wahrscheinlich nicht an den berühmten Komponisten Joseph Haydn, und doch ist die deutsche Nationalhymne eine seiner bekanntesten Kompositionen.
Joseph Haydn wurde 1732 geboren.
Er wuchs mit seinen elf Geschwistern in einem kleinen Dorf in Österreich auf. Schon früh merkten die Eltern, dass ihr Sohn ein sehr guter Sänger war, und so schickten sie ihn in den Chor.

Als Joseph Haydn erwachsen war, wurde er Musiklehrer und komponierte zahlreiche Musikstücke. Für lange Zeit arbeitete Joseph Haydn bei einem reichen Fürsten, für den er in seinem Schloss den Chor und das Orchester leitete und zahlreiche Konzerte gab. Viele der Stücke, die Joseph Haydn mit seinen Musikern aufführte, schrieb er selbst. Schon bald war Haydn ein berühmter Komponist, der sogar aus England und Frankreich Kompositionsaufträge erhielt. Haydn schrieb über 100 große Orchesterwerke und zahlreiche andere Musikstücke.
Er starb im Alter von 77 Jahren in Wien.

Kanon

Ein Kanon ist ein Musikstück, bei dem alle Musiker die gleiche Melodie singen oder spielen. Da die Musiker jedoch nicht alle gleichzeitig beginnen, sondern in festgelegten Abständen nacheinander einsetzen, erklingt das Musikstück mehrstimmig.

Komponist

Was macht ein Komponist?
Er komponiert, das heißt, er erfindet Musikstücke oder stellt diese aus ihm bereits bekannten Melodien zusammen. Daher werden Komponisten oft auch Tondichter oder Tonschöpfer genannt. Oft arbeitet ein Komponist viele Jahre, bis aus seiner musikalischen Idee eine fertige Komposition geworden ist.

Konzert

Für den Begriff des Konzertes gibt es zwei Bedeutungen:

1. Das Konzert ist eine öffentliche musikalische Veranstaltung, die jeder, der gerne möchte, als Zuhörer besuchen darf.

2. Ein Konzert ist ein Musikstück für ein Soloinstrument und ein Orchester. Gibt es also ein Klavierkonzert zu hören, so ist das Klavier das Soloinstrument, das von dem Orchester unterstützt und begleitet wird.

Körperinstrumente

Sicher habt ihr es schon längst gewusst: Unser Körper ist ein tolles Instrument! Mit unseren Körperinstrumenten können wir abwechslungsreiche Klänge erzeugen, zum Beispiel stampfen, klatschen, patschen, schnipsen oder schnalzen.
Auf Englisch heißt das Musizieren mit dem Körper auch „Bodypercussion“ („body“ = Körper, „percussion“ = Schlag).

Lambert, Constant

Constant Lambert wurde 1905 in London geboren.
Noch während er Musik studierte, bekam er den Auftrag ein Ballett zu komponieren; damals war er gerade 21 Jahre alt.
Mit 32 Jahren stellte er aus Opernausschnitten von Giacomo Meyerbeer die Musik für das Ballett „Les Patineurs“ („Die Schlittschuhläufer“) zusammen.
Lambert war ein sehr vielseitiger und fleißiger Musiker: So arbeitete er als Komponist, Pianist, Filmkritiker und Journalist.
Constant Lambert starb bereits kurz vor seinem 46. Geburtstag in seiner Heimatstadt London.

Lautstärke

Der Begriff Lautstärke drückt zunächst aus, wie stark man etwas hört.
In der Musik wird mit dem Begriff „Lautstärke“ auch beschrieben, wie stark ein Ton gesungen oder gespielt wird.

Man könnte also auch „Tonstärke“ dazu sagen. Viele Komponisten beschreiben in ihren Musikstücken genau, wie sie sich die Tonstärke vorstellen. Dazu verwenden sie die Abkürzungen von italienischen Begriffen, zum Beispiel:
p = piano (leise)
f = forte (laut)

Lied

Hast du ein Lieblingslied?
In einem Lied werden Text und Musik miteinander verbunden. Oft bestehen Lieder aus verschiedenen Strophen und einem Refrain, der immer wiederkehrt.
Es gibt viele verschiedene Arten von Liedern, zum Beispiel Kinderlieder, Volkslieder, Kirchenlieder, Schlager oder Popsongs.

Liszt, Franz

Franz Liszt wurde 1811 in Ungarn geboren und erhielt mit sechs Jahren den ersten Klavierunterricht von seinem Vater.
Als musikalisches Wunderkind gab Franz Liszt bereits mit elf Jahren sein erstes Konzert und wurde später ein sehr berühmter, gefeierter Pianist. Er begann, die Klavierstücke, die er aufführte, selbst zu komponieren, schrieb zahlreiche Orchesterwerke und arbeitete zudem als Dirigent. Auch als Lehrer war Franz Liszt sehr beliebt. Großzügig und hilfsbereit unterrichtete er viele Schüler, ohne dass sie für den Unterricht bezahlen mussten. Während eines Besuchs der Bayreuther Festspiele starb Franz Liszt im Alter von 75 Jahren.

Melodie

Das Wort „Melodie“ bedeutet im Griechischen „Lied“ und „Gesang“.
Eine Melodie ist eine Tonfolge, die sich gut singen und meist auch leicht merken lässt.

Meyerbeer, Giacomo

Giacomo Meyerbeer wurde 1791 in der Nähe von Berlin geboren.
Schon als Kind begann er mit dem Klavierspiel und wurde später Pianist und Komponist. Seine ersten Opern schrieb er mit 21 Jahren.
Später ging Giacomo Meyerbeer nach Italien und Frankreich, wo cr als Opernkomponist sehr berühmt wurde.
Er schrieb auch die beiden Opern, aus denen Constant Lambert das Ballett „Les Patineurs“ („Die Schlittschuhläufer“) zusammenstellte.
Im Alter von 72 Jahren starb Meyerbeer in Paris.

Notenwerte

Notenwerte sind Zeichen, die die Länge eines Tons anzeigen. Mit Notenwerten kann man den Rhythmus eines Musikstückes aufschreiben und wieder ablesen.

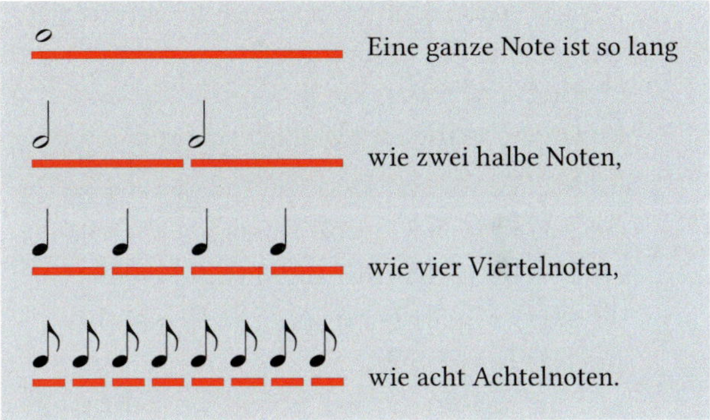

Je nach ihrer Länge sehen die Noten unterschiedlich aus. Eine Achtelnote besteht z. B. aus einem ausgefüllten Notenkopf, einem Notenhals und einem Fähnchen. Mehrere Achtelnoten können mit einem Balken verbunden werden.

Orchester

Ein Orchester ist eine Gruppe von Musikern, die verschiedene Instrumente spielen und gemeinsam Musik machen.
Es gibt viele verschiedene Arten von Orchestern, zum Beispiel Opernorchester, Blasorchester, Sinfonieorchester oder Unterhaltungsorchester.
Alle Musikerinnen und Musiker eines Orchesters werden von einem Dirigenten geleitet.

Pausenwerte

Pausenwerte sind Zeichen, die die Länge einer Pause anzeigen. Genau, wie man Klänge mit Notenwerten aufschreiben kann, kann man auch Pausen mit Pausenwerten notieren. Jedem Notenwert entspricht ein Pausenwert.

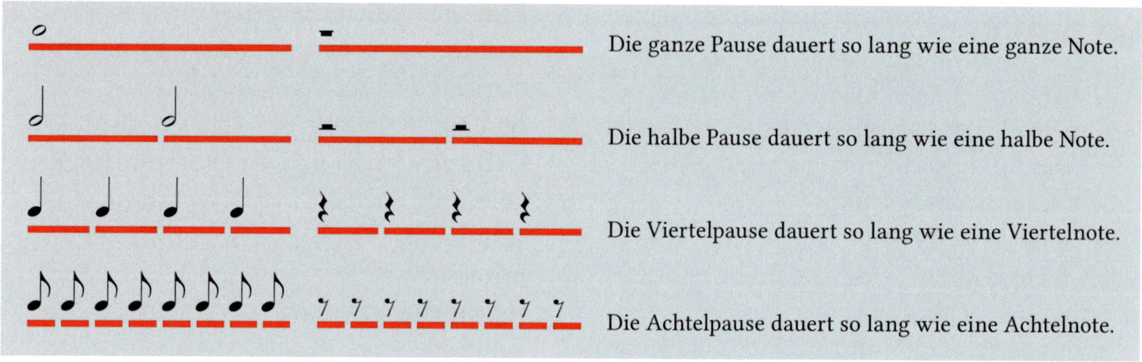

Pianist/Pianistin

Im Italienischen heißt das Klavier „pianoforte“. Daraus entstand das Wort „Pianist“. Es bezeichnet eine Person, die Klavier spielt.

Rap

Vor über 30 Jahren entstand der Rap in den Armengegenden von New York. In schnellen, stark rhythmischen Sprechgesängen erzählten die jungen Sänger Geschichten aus ihrem Leben und äußerten dabei häufig auch Unzufriedenheit und Wut. Erst später wurde der Rap von der Musikindustrie entdeckt. So gibt es heute auch sehr reiche Rapper, die eigene Musik- und Modefirmen besitzen.

Rhythmus

Jedes Musikstück ist zeitlich geordnet und besteht aus einzelnen Takten.
Die Takte eines Musikstücks können mit verschiedenen – langsamen und schnellen – Notenwerten gefüllt sein.
Die Folge der Notenwerte ergibt den Rhythmus des Musikstücks.

Rondo

Ein Rondo ist ein Musikstück, bei dem sich ein gleichbleibender Teil (Teil A) mit mehreren unterschiedlichen Zwischenteilen (Teil B, C, D ...) abwechselt:

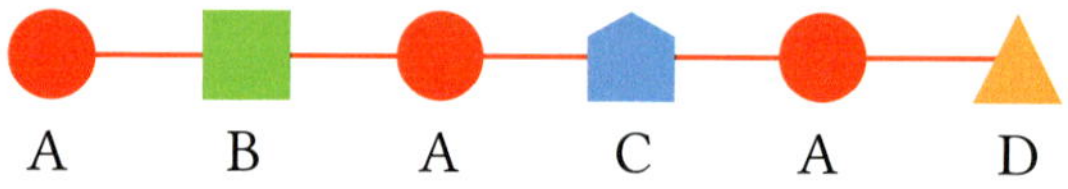

Solo

Der Begriff „Solo“ kommt aus dem Italienischen und heißt „allein“ oder „einzeln“. Singt oder spielt ein Sänger oder ein Instrumentalist ein Solo, so singt oder spielt er seine Stimme allein.
Dieses kann ohne oder auch mit einer Begleitung erfolgen.

Stabspiel

Stabspiele sind Schlaginstrumente, bei denen gestimmte Stäbe mithilfe von Schlägeln zum Klingen gebracht werden.
Die Tonhöhe eines Stabes ist von seiner Länge abhängig.
Damit der Ton klingt, sind die Stäbe auf einem Holzkasten angeordnet.
Auf diese Weise wird der Klang verstärkt.
Innerhalb der Stabspiele wird zwischen Holzstabspielen (Xylofonen) und Metallstabspielen (Metallofone, Glockenspiele) unterschieden. Das Wort „Xylofon“ stammt aus dem Griechischen und heißt „Holzklang“. Besteht das Instrument nicht aus einer Tonreihe, sondern nur aus einem einzelnen Ton, so spricht man von einem Klangbaustein.

Taktarten

In einem Musikstück fasst der Takt die Notenwerte und Pausenwerte in Einheiten zusammen.
Jeder Takt ist durch Taktstriche begrenzt.
Die beiden Zahlen am Anfang der Notenzeile geben die Taktart an.

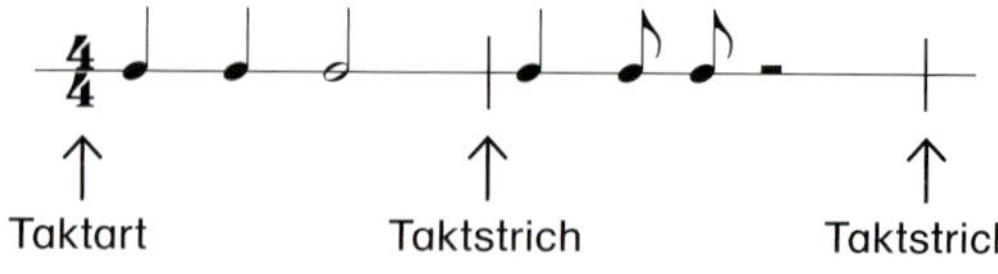

Je nach Taktart enthält der Takt betonte und unterschiedlich viele unbetonte Schläge. Die ersten Zählzeit in einem Takt ist immer betont:

Zweivierteltakt

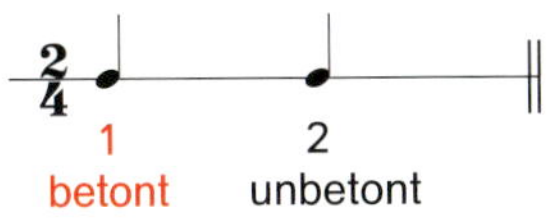

Dreivierteltakt

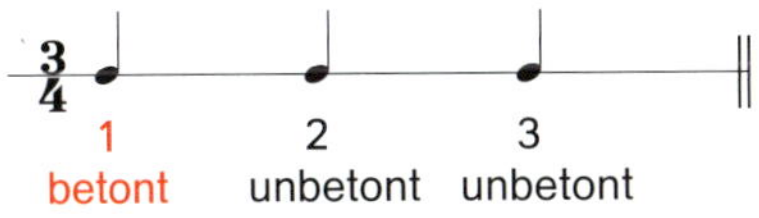

Viervierteltakt

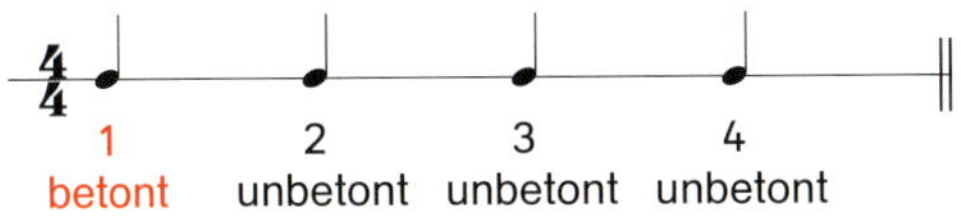

Tasteninstrumente

Als Tasteninstrumente werden die Instrumente bezeichnet, die eine Tastatur haben und bei denen der Ton durch das Herunterdrücken von Tasten hervorgerufen wird. So gehören neben dem Klavier und dem Flügel unter anderem auch das Keyboard, das Cembalo und die Orgel zur Familie der Tasteninstrumente.

Tempo

„Tempo" ist das italienische Wort für „Zeit". In der Musik drückt der Begriff „Tempo" aus, wie schnell oder wie langsam musiziert wird. Genau wie bei der Lautstärke geben die Komponisten in ihren Musikwerken an, wie sie sich das Tempo vorstellen.

Tonhöhe

Manche Töne erklingen hoch, andere tief. Sie besitzen unterschiedliche Tonhöhen. Will man Musik aufschreiben, so werden tiefe Töne in der Notenzeile weiter unten und hohe Töne weiter oben notiert.
Je nach ihrer Tonhöhe haben die Noten verschiedene Namen:

Vivaldi, Antonio

Antonio Vivaldi wurde 1678 in Venedig geboren. Schon als Kind spielte er außerordentlich gut Geige, wurde jedoch zunächst nicht Musiker, sondern Priester. Als Priester erhielt er den Spitznamen „il prete rosso" („der rote Priester"), was eine Anspielung auf seine roten Haare war. Da Vivaldi von Asthma geplagt war und ihn die Lesungen in der Kirche sehr anstrengten, gab er das Amt als Priester auf und widmete sich komplett seiner geliebten Musik.

Er komponierte schier unermüdlich. Unter seinen Werken sind allein über 500 Konzerte. Vier dieser Konzerte fasste er unter dem Titel „Die vier Jahreszeiten" zusammen, die heute außerordentlich berühmt und beliebt sind. Antonio Vivaldi starb im Alter von 63 Jahren in Wien.

Webber, Andrew Lloyd

Andrew Lloyd Webber lebt und arbeitet als Komponist in England. Er wurde 1948 in London geboren und veröffentlichte bereits mit 17 Jahren sein erstes Musical. In den Folgejahren schrieb er ein Musical nach dem anderen, die alle mit großem Erfolg aufgeführt wurden, so zum Beispiel die Musicals „Cats" oder „Starlight Express". Für seine Bühnenwerke wurde Andrew Lloyd Webber mit unzähligen Musik- und Theaterpreisen ausgezeichnet. Als besondere Ehre wurde Andrew Lloyd Webber im Jahre 1992 zum Ritter geschlagen und erhielt 1997 den Adelstitel „Sir Andrew Lloyd Webber".

Wiederholung

Oft wird in Liedern, Sprechversen oder Musikstücken ein Teil wiederholt. Das Wiederholungszeichen zeigt an, dass ein Abschnitt noch einmal musiziert werden soll.

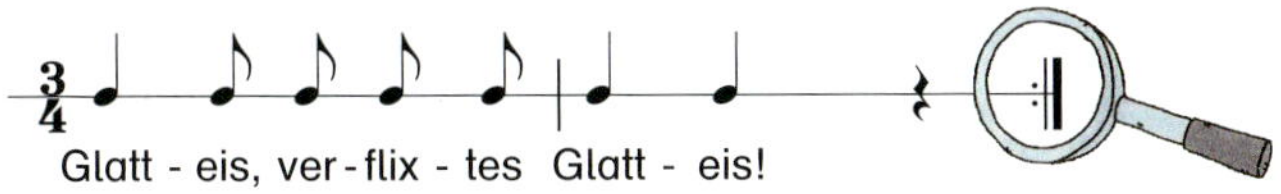

Lieder und Sprechstücke

Wo finde ich das?

Lieder und Sprechstücke

Lieder:
S. 4, 10, 11, 12/13, 16/17, 20, 21, 22, 23, 30, 33, 34, 40, 42, 43, 50, 52, 55, 60, 61, 62/63, 65, 66, 70, 71, 72, 73, 76, 80, 81, 82, 83, 84, 90, 92, 96, 100, 101

Sprechstücke:
S. 6, 14, 18/19, 24, 28, 32, 57, 69, 75, 88, 95

Improvisationen mit der Stimme/ Stimmbildungsübungen

S. 4/5, 12/13, 14/15, 22, 23, 40, 56, 69, 72, 73, 74, 76, 80, 82, 90, 95, 101

Spiel mit Körperinstrumenten (Bodypercussion)

S. 4, 6, 8, 9, 10, 12/13, 16/17, 28, 31, 34, 41, 48, 61, 69, 70, 74/75, 77, 86, 88, 95, 96

Begleitungen und Improvisationen mit Instrumenten

S. 7, 11, 16/17, 19, 20, 21, 25, 31, 32, 35, 36, 43, 51, 52/53, 58, 60, 63, 69, 70, 71, 72, 73, 75, 77, 78, 85, 86, 89, 91, 93, 97, 100

Bewegungsideen, Tänze und Spielszenen

S. 6, 8, 9, 10, 16/17, 21, 23, 25, 28/29, 31, 34, 35, 38/39, 41, 49, 53, 54–59, 61, 65, 67, 68, 70, 78, 86, 88, 93, 95, 98/99, 101

Hörstücke/Musikalische Werke; Musiker und Komponisten

S. 8/9, 15, 26/27, 35, 36, 37, 38/39, 42, 44/45, 46, 48, 49, 79, 83, 86/87, 94

Musik und ihre Grundlagen

Mit allen Aktivitäten und Aufgaben von FIDELIO 3 erweiterst du deine musikalischen Grundlagen z.B. S. 6, 16/17, 19, 47, 48, 58, 66/67, 80, 84, 89, 91, 95

Werke/Werkausschnitte

Liedquellen

4: Text und Melodie: Helmut Maschke, © Helbling, Innsbruck-Esslingen-Bern/Belp
6f.: Text, Rhythmus und Spielidee: Richard Filz, © Helbling, Innsbruck-Esslingen-Bern/Belp
10: Text und Melodie: Uli Führe, © Fidula-Verlag, Boppard/Rhein
11: Text: Wilhelm Willms, Melodie: Peter Janssens, © Peter Janssens Musik Verlag, Telgte-Westfalen
12f.: Text und Melodie: Fredi Jirovec, © Helbling, Innsbruck-Esslingen-Bern/Belp
16f.: Text und Melodie: mündlich überliefert, Bearbeitung: Werner Rizzi, © Fidula-Verlag, Boppard/Rhein
18: Text und Melodie: mündlich überliefert
20: Text: © Wilfried Behrendt, Melodie: © Manfred Grote
21: Text: Rolf Krenzer, © Dagmar Krenzer-Domina (RN Rolf Krenzer) Melodie: © Inge Lotz
22: Text und Melodie: mündlich überliefert
23: Text: © Ernst Wieblitz unter Verwendung von von Kindern erfundenen Baumnamen, Melodie: © Ernst Wieblitz Spielidee: Christiane Wieblitz
24: Text und Melodie: Felix Janosa, aus: Felix Janosa: „Das RAP-Huhn" eres 2216, © by Eres Edition, Lilienthal/Bremen
28: Text und Rhythmus: mündlich überliefert
30f.: Text und Melodie: © Georg Feils, bayerische Textfassung: E. Sepp nach Georg Feils
32: Text und Melodie: © Heinz Benker
33: Text und Melodie: Dorothée Kreusch-Jacob, © MUSICJUSTMUSIC GmbH, München
34: Text und Melodie: mündlich überliefert
40: Text und Melodie: mündlich überliefert
42: Text: Hoffmann von Fallersleben, Melodie: Joseph Haydn
43: Text und Melodie: Helmut Maschke, © Helbling, Innsbruck-Esslingen-Bern/Belp
50f.: Text und Melodie: Fredi Jirovec, © Helbling, Innsbruck-Esslingen-Bern/Belp
52f.: Text und Melodie: © Soili Perkiö, Spielform und deutscher Text: Christiane Wieblitz, © Fidula-Verlag, Boppard/Rhein
55: Text und Melodie: Johnny Lamprecht, © Ökotopia Verlag, Münster
57: Text: Edith Schreiber-Wicke, Rhythmus: Birgit Braun-Rehm

60: Text: © Unmada Manfred Kindel, Melodie: mündlich überliefert
61: Text und Melodie: mündlich überliefert
62f.: Text: Marcell Gödde, Musik: Andreas Muhlack, © by Ed. Random House Audio/Arabella Musikverlag GmbH
65: Text und Musik: © Andreas Donauer (Donikkl)
66: Text: Rolf Krenzer, © 1972 by Maranatha! Music, Rechte für D/A/CH: SCM Hänssler, D-71087 Holzgerlingen, Melodie: Karen Lafferty
69: Text: mündlich überliefert, Rhythmus: © Dorothea Zigldrum
70: Text und Melodie: © Tobias von Stuckrad
71: Text und Melodie: © Christa Zeuch
72: Text und Melodie: mündlich überliefert aus der Türkei
73: Text: F. A. Blume, Melodie: Walther Pudelko, © Bärenreiter Verlag, Kassel
76f.: Text: Tony Gehling, Melodie: Klaus Holthaus, © Fidula-Verlag, Boppard/Rhein
80: Text und Melodie: Volker Rosin, © Moon-Records-Verlag, Düsseldorf
81: Text: Rolf Krenzer, Melodie: Detlev Jöcker, © Menschenkinder Verlag, Münster
82: Text und Melodie: mündlich überliefert
83: Text und Melodie: Johann Sebastian Bach
84: Text und Melodie: mündlich überliefert aus England, deutscher Text: Verfasser unbekannt
88: Text und Melodie: Richard Filz, © Universal Edition A.G. Wien
90f.: Text und Melodie: mündlich überliefert aus dem Tessin, deutscher Text: Kurt Suttner, © 1976 Edition Hieber im Allegra Musikverlag, Frankfurt M.
92f.: aus: Ritter Rost und Prinz Protz, Musical für Kinder, Text: Jörg Hilbert, Musik: Felix Janosa, © Terzio/Carlsen Verlag GmbH, Hamburg
95: Text und Musik: Ullrich Moritz, © Helbling, Innsbruck-Esslingen-Bern/Belp
96: Text und Melodie: Susan Hagen Nipp, © by Susan Hagen Nipp, from Wee Sing Animals, Animals, Animals, by Pamela Conn Beall and Susan Hagen Nipp, © 1999, Published by Price Stern Sloan, a division of Penguin Putnam books for Young Readers, New York
98f.: Text und Melodie: Daniel D. Sheard, Gerry McNeice ©2008 our-music.com Sheard, McNeice, Weninger OED
100: Text: Rolf Krenzer, © Dagmar Krenzer-Domina (RN Rolf Krenzer), Melodie: Martin Göth, © Musikverlag Martin Göth, Ortenburg
101: Text: © Wolfgang Hering, Melodie: mündlich überliefert

Bildquellen

11: iStockphoto.com, Calgary
13: Getty Images, München
14: (Damhirsch) fotolia.com, New York
14: (Wolf) iStockphoto.com, Calgary
14: (Amsel) Panther Media GmbH (panthermedia.net), München
14: (Regenwurm) Shutterstock.com, New York
14: (Fledermaus) plainpicture, Hamburg
15: (Waldohreule) fotolia.com, New York
15: (Luchs) Panther Media GmbH (panthermedia.net), München
15: (Siebenschläfer) fotolia.com, New York
26: Shutterstock.com, New York
28: (o.l.) Panther Media GmbH (panthermedia.net), München
28: (o.r.) Shutterstock.com, New York
35: (l.) Picture-Alliance GmbH, Frankfurt/M.
35: (r.) ullstein bild, Berlin (Brill)
37: fotolia.com, New York
38: alamy images, Abingdon/Oxfordshire
39: fotolia.com, New York
39: iStockphoto.com, Calgary
41: Getty Images, München
44: Breitkopf & Härtel, Edition (Mathias Holl: Farblichtmusik)
47: fotolia.com, New York
49: Picture-Alliance GmbH, Frankfurt/M.
54ff.: Edith Schreiber-Wicke/Carola Holland, aus: Als die Raben noch bunt waren, © 1990 by Thienemann Verlag (Thienemann Verlag, GmbH), Stuttgart/Wien
62f.: aus: Ingo Siegner, Der kleine Drache Kokosnuss. Schulfest auf dem Feuerfelsen, © cbj Verlag, München
64: (St. Martin) Picture-Alliance GmbH, Frankfurt/M.
64: (Oktoberfest) Panther Media GmbH (panthermedia.net), München
64: (Halloween) Shutterstock.com, New York
64: (Kirchweihnudeln) Picture-Alliance GmbH, Frankfurt/M.
64: (Almabtrieb) Stephan Rumpf/SZ Photo
64: (Erntedank) fotolia.com, New York
73: iStockphoto.com, Calgary
92f.: aus: Jörg Hilbert, Felix Janosa, Ritter Rost und Prinz Protz, © Terzio, Möllers und Bellinghausen
94: Clipdealer GmbH, München (Studio1)
102: (Bach) akg-images GmbH, Berlin
102: (Bartók) akg-images GmbH, Berlin
102: (Beethoven) Buresch, Horst, Braunschweig
103: (Boomwhackers) alamy images, Abingdon/Oxfordshire
103: (Brahms) akg-images GmbH, Berlin
104: (Haydn) akg-images GmbH, Berlin
105: (Liszt) akg-images GmbH, Berlin
107: (Vivaldi) Stephan Rumpf/SZ Photo

Textquellen

54ff.: Edith Schreiber-Wicke/Carola Holland, aus: Als die Raben noch bunt waren, © 1990 by Thienemann Verlag (Thienemann Verlag, GmbH), Stuttgart/Wien, Die Aufführungsrechte und eine Schultheaterfassung von Edith Schreiber-Wicke sind beim Verlag für Kindertheater erhältlich (www.kindertheater.de; schultheater@vgo-kindertheater.de), die Aufführung eigener Bearbeitungen ist absprache- und genehmigungspflichtig
74: Fredrik Vahle, aus: Der Himmel fiel aus allen Wolken, © 1994, 1995 Beltz Verlag, Weinheim und Basel, Programm Beltz & Gelberg, Weinheim

FIDELIO 3

Musik in der Grundschule

Autorinnen:
Birgit Braun-Rehm, Antje Hellmann, Dorothea Zigldrum

erarbeitet auf der Grundlage von Fidelio Bayern 2003 von:
Birgit Braun-Rehm, Antje Hellmann, Iris Schmid-Linnemann, Dorothea Zigldrum

Illustrationen:
Dunja Schnabel und Susanne Bochem

Im Lernmittel wird in Form von Symbolen auf verschiedene CDs verwiesen; diese enthalten ausschließlich optionale Unterrichtsmaterialien. Die CDs unterliegen nicht dem staatlichen Zulassungsverfahren.

Druck A[1] / Jahr 2015
Alle Drucke der Serie A sind inhaltlich unverändert.

Redaktion: Urte Gerlach und Judith Engel
Innenlayout und Satz: Visuelle Lebensfreude, Hannover
Herstellung und Umschlaggestaltung: Nijole Küstner
Notensatz: prima nota, Korbach
Druck und Bindung: westermann druck GmbH, Braunschweig

ISBN 978-3-14-**125118**-0